KB076971

친절한 금자씨 각본

친절한 금자씨 각본

정서경 박찬욱

그책

작가의 말

이제야 나는, 우리가 〈친절한 금자씨〉를 쓰던 때의 감독님과 같은 나이가 되었다. 당시 꼬마 아가씨였던 감독님의 따님과 비슷한 또래의 아이들도 있다. 그래서 그때는 몰랐던 것 몇 가지를 지금은 안다.

나는 복수하고 싶은 감정을 잘 몰랐다. 인생의 큰 부분을 떼어내어 복수에 할애할 정도로 절박하고 소중한 것을 가진 적도, 잃은 적도 없었기 때문이다. 삶과 죽음에 대한 두려움을 몰랐다. 그 방면에 관한 한 내 의식은, 앞머리를 말고 껌을 씹으면서 누군가를 기다리던 고등학생 금자씨에 가까웠을 것 같다. 죄의식을 이해하지 못했다. 내 손으로 하거나 하지 않은 어떤 일들이 오랫동안 내 삶을 떠나지 않으며 두고두고 다시 돌아와 회한에 잠기게 할 수 있다는 것을 몰랐다. 제일 잘 몰랐던 것 중의 하나는, 내가 영화 각본 쓰는 법을 잘 모른다는 사실이었다. 영화과 다니는 학생이라면 누구나 알 법한 플롯 포인트라든지 플롯의 아치 형태 등등을 모르는 것은 물론이고 ―지금도 잘 모른다― 씬과 씬들이 모여서 어떤 의미를 만들어내는지, 영화가 진행되면서 관객이 무엇을 기대하게 되고 그 기대에 대해 작가가 어떤 대답을 주어야 하는지 전혀 이해하지 못했다. 각본은 여러 씬들이 모여 이루어지는 것이니 그냥 한 씬 한 씬 재미있게 쓰면 되겠거니 했다. 그렇게 무작정 한 씬 한 씬 써내려갔으니 당연히 대여섯 씬 앞에 무슨 일이 일어날지 몰랐다. 그래서 써나가면서 스스로 "이렇게 되는 거였어?" 하고 놀라기도 했다. 금자씨가 그런 형태의 복수를 하고 그런 형태의 속죄를 하고 결국 용서받을 수 없다는 기분의 결말을 맞게 될지는 나도, 감독님도 꿈에도 몰랐다.

각본 쓰는 법을 조금 알게 된 지금 돌아보면 〈친절한 금자씨〉는 정말 이상한 영화다. 플롯이 전환기를 맞게 되는 중요한 순간, 여러 가지 선택지 앞에서 주인공은 자꾸 없는 선택지를 선택한다. 관객은 그런 것이 있는 줄도 몰랐으므로 기대한 적도 없다. 통쾌한 복수극을 기대했던 관객들은 얼마나 당황했을까? 길가에 버림받은 기분이 들었다던 어떤 관객의 소감을 나는 이해한다. 대규모 자본이 투자된 상업 영화는 주인공에 대한 관객의 강력한 감정이입을 기본으로 한다. 하지만 〈친절한 금자씨〉를 보는 동안 관객들은 어느 순간 금자씨에게서 스르르 빠져나오게 된다. 장르의 규칙이라는 관객이 이해하기 쉬운 모델도 극의 중반부부터는 사라져버린다. 이 영화는 레일이 없는 곳을 달려가는 롤러코스터 같다. 이런 선택을 주도한 것은 감독님이었다. 선택의 순간마다 감독님은 더 새로운 선택지를 만들어내자고 나를 격려하고 스스로 궁리하고 우리가 결국은 생각해낼 때까지 기다렸다. 그런데 놀랍게도 〈친절한 금자씨〉는 아주 많은 열정적인 관객들을 발견해냈다. 아주 많은 관객들이 우리가 제공하는 롤러코스터를 타고 기꺼이 허공을 달려갔다. 그 점을 이해하기 위해 나는 이런저런 생각을 해본다. 〈친절한 금자씨〉는 동시대적인 상업영화 장르의 규칙에는 맞지 않지만 구전되는 민담이나 동화의 형태와 비슷하다든지, 계획 없이 떠난 여행의 체험과 비슷하다든지, 하는 내 멋대로의 추측들을. 그리고 여전히 놀란다. 이렇게 모호한 이야기로 대규모 상업영화를 만들기 위해서 얼마나 관객들을 신뢰해야 할까? 물론 나는 감독님이 '상업적인 영화'를 만들기 위해 얼마나 많은 요소들을 깊이 고민하는지 지켜봐왔다. 하지만 본질적인 면에서 감독님은 늘 다른 누가 아니라 감독님 스스로가 원하는 영화를 만들었고 그것이 우리가 예상할 수 있는 표준을 벗어날지라도 주저하지 않았다. 나는 그것이 깊은 신뢰의 능력이라고 생각한다. 〈친절한 금자씨〉를 쓰던 때의 감독님과 같은 나이가 되었지만 나는 아직도 그런 능력을 배우지 못했다.

내가 〈친절한 금자씨〉를 쓰는 동안 〈올드보이〉가 칸 국제영화제에서 심사위원 대상을 수상했고 아마도 그 사실이 우리가 하는 작업에 낙관적인 분위기를 더해주었을 것이다. 하지만 나는 한 씬 한 씬 써나가는 데너무 바빴고 내가 과연 이 영화를 끝까지 다 쓸 수 있을지, 여러 사람들에게 폐를 끼치고 중간에 그만두게 되지는 않을지 너무 걱정이 되었기 때문에, 오로지 더 새로운 이야기를 쓰기 위해 고민하기만 하면 되는 내 처지가 얼마나 행운이었는지를 전혀 알지 못했다. 지금 와서야 여러 분들께 감사드린다.

정서경

작가의 말

〈올드보이〉를 끝낼 무렵 내 머릿속에서는 하나의 이미지가 박혀 있었다. 임신한 몸으로 어린아이를 유괴하고 살해했다는 혐의를 받은 한 용의자가 경찰에 끌려가는 TV 뉴스를 본 기억이었다. 거기서 출발하면 어떻게든 하나의 영화를 만들어낼 수 있을 것만 같았다.

처음 정서경 작가를 데려왔을 때에는, 내가 먼저 그 유괴사건에 기초한 이른바 '복수 3부작'의 최종편을 쓰는 동안 그로 하여금 〈박쥐〉를 쓰게 할 심산이었다. 그렇게 함으로써 내가 쉼 없이 한 작품에서 다음 작품으로 옮겨갈 수 있도록 준비하자는 거였다. 마지막 복수극을 완성해서 개봉시켜놓을 때쯤에는 〈박쥐〉 초고가 나와 있을 테고 그럼 곧바로 그걸 내가 손봐서 바로 촬영에 들어간다는 야무진 포부.

그러니까 무슨 말인가 하면 정작가와 내가 나란히 앉아 공동 집필을 할 계획 따위는 당초 없었다는 것이다. 그런데 어쩌다 이렇게 바뀌었는지 도통 기억나지 않는다. 여성 주인공 영화를 혼자 쓰기는 벅차다는 결론에 도달해서였겠지. 아마 그와의 대화가 유례없이 생산적이라는 사실을 깨달아서였겠지. 계획의 변경은, 어떤 계산이나 결정에 의해 이루어졌다기보다는 거의 저절로 그렇게 됐다. 정신 차려보니 어느새 정작가와 함께 여성 복수극 각본을 쓰고 있는 자신의 모습을 발견하게 됐다고나 할까.

영화 장면처럼 설명하자면, 처음 만난 논현동의 커피숍에서 정신없이 떠드는 두 사람 ―디졸브되면― 시간이 흘러, 이미 영화사 감독 방에 마주 앉은 두 사람. 화면의 앵글/사이즈는 커피숍 장면과 정확히 똑같다, 커피 잔 대신 마우스를 쥐었을 뿐. 컴퓨터 하드는 공유하면서 모니터와 키보드를 각자 한 벌씩 가졌다. 한 사람이 자판을 두드리면 상대 모니터에도 글자가 쳐진다. 감독이 쓰면 작가가 지우고, 작가가 주어를 쓰면 감독이 목적어를 쓰고.

훗날 〈친절한 금자씨〉로 명명될 그 복수극의 각본을 쓸 때만 해도, 내

영화 경력 전체가 정서경과의 만남 전후로 나뉘게 되리라고까지는 예상하지 못했다. 아니 이후로도 한참 동안이나 그 점을 인지조차 못했다. 〈박쥐〉를 본 봉준호 감독이 "〈친절한 금자씨〉와 〈싸이보그지만 괜찮아〉로부터 이어지는 '정서경 3부작'이로군요!"라고 말해주기 전까지는.

내 영화에도 여성성, 아이다운 천진함, 동화적인 아름다움, 낙관주의, 설레임, 감사하는 마음, 쓸데없는 공상 같은 것들이 들어 있다면 그건 정서경에게서 비롯한 것이다. 내게서 나온 아이디어들이 없지는 않겠지만 그조차도 정서경에 의해 일깨워진 것이다.

박찬욱

차례

친절한 금자씨 각본

대사의 느낌을 살리기 위해 일부 표기와 맞춤법은
저자의 의도를 따릅니다.
<u>밑줄 친</u> 대사는 영어, 일본어의 번역입니다.

1. 교도소 앞 (아침)

산타클로스 차림의 성가대원 일곱, 종이컵에 담긴 커피를 마신다. 아코디언을 멘 여자, 기타를 건 남자, 제각기 심벌즈, 트롬본, 캐스터네츠, 탬버린, 트라이앵글 따위를 들었다. 하얀 입김을 뿜으며 발을 동동 구른다. 진눈깨비가 날린다.

성가대원1

(하품 한 번 하더니)
살아 있는 천사라지요?

성가대원2

안에서두 다들, '친절한 금자씨'라구 부른다잖아요....

초조한 듯 손바닥을 마주 비비며 서성대는 전도사. 성가대원들은 심드렁한 표정으로 커피만 홀짝거린다. 철문 열리는 소리가 들리자 얼굴에 화색이 도는 전도사, 양손을 들어 벌린다. 일제히 종이컵을 바닥에 떨어뜨리고 악기를 잡는 성가대. 전도사의 지휘에 맞춰 어설픈 연주 시작. 긴 담에 조그맣게 난 철문으로 초췌한 여인들이 나온다.

성가대

(합창)
내 나아갈 길에 높은 담과 깊은 함정 많도다.
나약한 내가 능히 넘을 수 없으니 누구의 도움 있을까.
주님의 숨결이 나를 불어 담을 넘게 함이요
주님의 손바닥, 다리가 되어 함정을 건너게 함이로다.

가족과 얼싸안는 사람들, 혼자 총총히 걸어가는 사람들. 끝으로 금자 나온다. 물방울무늬의 헐렁한 여름 원피스 차림으로 걸어와 전도사 앞에 선다. 웃는 얼굴로 돌아보며 양팔을 신나게 놀리는 전도사. 기다리는 금자, 코에서 하얀 김을 뿜으면서도 추위에 전혀 아랑곳 않는 표정이다.

노래 끝난다.

전도사

(두부를 내밀고, 타이르듯)

넣어줬잖아요, 겨울옷....쯧쯧....

(금자의 무표정한 얼굴을 향해, 다시 인자하게 미소 지으며)

고생 많았죠? 십삼 년....정말 대견합니다.

2. 전도사의 집 + TV 몽타주 (낮)

소파에 앉아 TV를 보는 전도사, 시간이 흐르면서 조명과 의상도 바뀐다.
탁자에 놓인 성경, 벽에 걸린 십자가.
화면 분할되며 뉴스 장면들 - 한 어린이의 인터뷰.

원모 친구

그래서 원모가요, 대마왕 구슬을 땄거든요....

빨리 집에 간다구 뛰어갔는데....

그 구슬이 원래 제 꺼거든요....

스튜디오의 앵커.

앵커

....「동부이촌동 박원모 어린이 유괴사건」을

수사 중인 경찰은....

수갑을 차고 최반장과 형사들에 둘러싸여 경찰서로 들어가는 금자, 물방울무늬 원피스를 입었다.

기자

....어제 오후 범인이 자수함에 따라

수사가 활기를 띠고 있습니다.

줌 인해서 얼굴을 클로즈업하는 방송 카메라. 빗발치는 카메라 플래시, 마이크를 들이댄 기자들의 질문 공세. TV 소리 줄어들면서 여자 성우의 아름다운 목소리.

여자 성우
(소리)
이금자는,「동부이촌동 박원모 어린이 유괴 살인사건」의
범인으로 세상에 처음 알려졌다.
그녀 나이 스무 살이었다.

기자1
범행 동기가 뭡니까?

기자2
지금 심경이 어때요?

기자3
한 마디만 해주세요!

금자
(결심한 듯 입을 열면 주변이 조용해지며)
....심경은....담담하구요,
제가....원모를 죽이게 된 것에 대해서....
(갑자기 평정을 잃고 울음을 터뜨리며)
어우....어떡하지....

얼굴을 감싼 이금자의 모습, 클로즈업.

여자 성우

(소리)

사람들은 이금자의 어린 나이와 잔인한 범행 수법,
뻔뻔할 정도의 천진함에 충격을 받았다.

잡초 우거진 공터에 선 기자, 뒤로 버려진 컨테이너 박스가 보인다. 경찰들이 통제하는 가운데 기웃대는 구경꾼들.

기자

범인 이모씨가 박원모군을 감금했던 장소입니다.
범인은, 원모군이 너무 울어서
베개로 입을 막으려다 그만 질식사시켰다고....

컨테이너 박스 내부, 현장검증 진행 중. 형사들 중 최반장. 금자, 쿠션을 들어 마네킹의 머리로 가져간다. 고개를 돌리는 아이 아버지. 오열하던 어머니가 달려들자 막는 전경들. 카메라 플래시가 연달아 터진다.

여자 성우

(소리)

그러나 무엇보다도 충격적인 것은 그 미모였다.
황색 언론들은 그녀를 올리비아 핫세와 비교하며 떠들었고,
부산에 사는 한 남자는 신문사에
공개 구혼 편지를 보내 빈축을 샀는가 하면,
어느 지각없는 감독은 이금자를 주인공으로 한 영화를 만들겠다고
발표했다가 여론의 비난에 부딪치자
이내 취소하는 해프닝을 벌이기도 했다.

실신할 듯 창백한 이금자의 얼굴이 클로즈업된 TV 화면. 소파에 앉아 시청하던 전도사, 스르르 내려와 무릎 꿇는다. 기도하는 그의 손과 쿠션을 누르는 금자의 손이 동시에 보인다.

여자 성우

(소리)

그러나 그때 전도사는 보았다.

이금자의 천사처럼 아름다운 얼굴 너머에 깃든

사탄의 존재를.

3. 교도소 접견실 (낮)

탁자에 올려놓은 전도사와 금자의 손. 수인복을 입은 금자, 마주 앉은 전도사.

금자

왜 절 만나구 싶으셨어요?

전도사

(엄숙하게)

테레비에서 저는 보았습니다.

금자씨의 그 마녀처럼 사악한 얼굴 너머에 깃든

천사의 존재를.

눈물 글썽한 눈을 들어 전도사를 바라보는 금자, 천사처럼 아름답다.

금자

(소리)

천사, 그것은 사실일까요?

4. 교도소 (낮 - 밤)

금자

(소리)

과연 제 안에 천사가 깃들어 있을까요?
정말 그렇다면 제가 그토록 사악한 행위를 하는 동안
천사는 어디에서 무얼 하고 있었을까요?
전도사님의 말씀을 듣고, 전 늘 그것을 생각했습니다.
그리고 깨달았습니다,
내 안의 천사는 오직 내가 부를 때만 자기 존재를 드러낸다는 것을.
"어디 계신가요? 나와주세요.", "저 여기 있어요."
이렇게 천사를 부르는 행위,
바로 그것을 우리는 '기도'라고 말하는 것입니다.
저는 여기서 기도하는 법을 배웠습니다.
사실 교도소야말로 기도를 배우기에 이상적인 장소입니다.
왜냐면....

홈무비처럼 찍은 거친 화면 - 금자, 전도사와 나란히 무릎 꿇고 기도한
다, 운동 시간에 고선숙 노인을 모시고 산보한다, 우소영과 나란히 엎드
려 종이학을 접는다, 머리를 다듬어주는 김양희와 농담을 나누며 웃는
다, 병든 마녀의 밥을 대신 타다 먹여준다, 장씨에게서 제과 기술을 배운
다, 실종된 박원모 어린이를 찾는 전단을 자기 방 벽에 붙여 놓고 기도한
다, 오수희의 지도를 받아 학사고시 문제집을 푼다, 잠든 박이정 곁에 앉
아 부채질을 해주며 성경을 읽는다.

금자

(그동안의 열변을 경건하게 마무리하며)

....왜냐면,
여기서는 우리 모두가 죄인임을 알기 때문입니다.
감사합니다.

연단에 선 금자, 정중히 인사한다. 뒤에 걸린 현수막 - 재소자 웅변대회,
주최: 소망선교회, 후원: 열린 교도행정협의회. 고개를 끄덕이며 박수
치는 소장 이하 교도관들. 몇몇 재소자들은 훌쩍이기까지 한다. 벌떡

일어나 열렬히 손뼉 치며, 의기양양한 얼굴로 이리저리 돌아보는 전도사. 페이드아웃.

5. 교도소 앞 (아침)

씬1 연결. 여전히 두부를 내밀고 선 전도사와, 무표정하게 바라보는 금자.

전도사

(인자하게 미소 지으며 두부를 금자 얼굴 높이로 올리고)

어서요....

두부처럼 하얗게 살라고,

다시는 죄 짓지 말란 뜻이루 먹는 겁니다.

금자, 전도사의 손을 탁 친다. 두부가 떨어져 바닥에 뭉개진다. 경악하는 전도사. 성가대원4, 심벌즈를 놓쳐 떨어뜨린다. 요란한 소리가 멈추자 모질게 불어대는 바람 소리뿐. 모두 그녀를 주시한다.

금자

너나 잘하세요....

몸을 돌려 걷는다. 다들 멍청히 서서, 원피스 자락을 펄럭이며 멀어져가는 그녀를 바라본다. 가방에서 선글라스를 꺼내 쓰는 뒷모습. 음악과 함께 검은 화면으로 커팅, 제목이 나타난다.

6. 서울역 (낮)

기차 도착. 선글라스 쓰고 내리는 금자, 뚜벅뚜벅 걷는다. 겨울 외투를 껴입은 행인들이 힐끔거리며 돌아본다.

7. 미용실 앞 (저녁)

미용사와 손님이 호기심에 찬 눈빛으로 쳐다본다. 가게 주인 김양희가 어떤 여자를 꼭 끌어안고 있기 때문이다. 가위와 빗을 든 양손으로 금자를 얼싸안은 양희, 눈물까지 뚝뚝 흘린다.
자막 - 김양희, 1998년-2002년 복역.

8. 교도소 거실 (낮)

문 열린다.

교도관
손님 받어!

들어서는 김양희, 멀뚱히 바라보는 다양한 연령대의 여성들. 철문 닫힌다.

양희
(기어들어가는 소리로)
....김양희입니다, 오 년 받았습니다.

양희의 마음속 목소리가 현실의 대사 위에 겹쳐 들린다.

양희
(소리)
미결 때 들었는데, 경주여자교도소에 가면
얼굴에 빛이 나는 사람이 있다고 했다.

죄수1
몸 팔다 왔지?

양희
(소리)
그 여자 별명은 '마녀'라고 했다.

죄수2
들어가 앉어.

구석으로 들어가려고 할 때 다리를 거는 죄수3. 넘어지는 양희, 무관심해 보이던 여자들이 서로 돌아보고 키득거린다. 눈물을 글썽이며 일어나는 양희, 성경을 펴놓고 온화한 얼굴로 바라보는 금자와 눈이 마주친다.

잠시 후 -
형광등 몇 개가 꺼지면서 어두워진다. 사진이 박힌 원모의 실종자 수배전단과, 연필화 몽타주가 박힌 금자의 용의자 수배전단이 나란히 붙은 벽 앞에 무릎 꿇은 금자. 누워 지켜보는 양희. 금자의 얼굴에서 빛이 난다. 양희, 고개를 돌리면 어둠 속에 누운 남자의 유령. 문신 잔뜩 한 몸에 러닝셔츠를 입고 넥타이를 맨 남자, 풀리지 않는 매듭을 붙들고 씨름한다.

양희
....삼촌, 넥타이 안 하잖아?

기둥서방
여기선 필수야, 얼마나 높은 분들이 내려오시는 줄 아니?
(한숨 쉬며)
....니깟 년이 뭘 알겠니....
....아, 답답해! 좀 풀어줘....

그의 목에 손을 갖다 대는 양희, 넥타이를 잡아당긴다. 눈이 뒤집히고

23

숨이 넘어간다. 양희, 금자를 돌아본다.

양희

(눈이 마주치자, 고개를 끄덕이며)

기둥서방이에요....

목을 조르고 있을 땐 기분이 굉장히 좋았는데....

(괴로운 듯 얼굴을 감싸고는)

....차라리 내가 죽을 걸 그랬어요, 이럴 줄 알았으면....

금자

(은은한 미소를 띠고)

그럼 죽어.

놀라 금자를 보는 양희.

잠시 후 -

나란히 앉아 기도하는 두 사람. 금자의 얼굴이 발하는 은은한 빛.

금자

(소리)

그리고 새로 태어나,

필요하면 몇 번이고....

훌쩍이는 양희의 뺨을 쓰다듬어주는 금자. 품에 파고드는 양희, 꼭 안아
주는 금자.

금자

기도는 이태리타올이야....

껍질이 벗겨지도록 박박 밀어서 죄를 벗겨내.

그럼 애기 속살루 변해....알았지?

양희

(소리)

금자 언니는, 이미 지나간 자기의 생을

애도하는 법을 가르쳐줬다.

양희 얼굴도 점점 빛을 내기 시작한다.

9. 교도소 밖 (밤)

운동장에서 바라본 ㅁ자 모양의 건물. 3층 한구석에서 점점 밝아지는
빛이 새어나온다.

양희

(소리)

....인제 경주에 새로 오는 살인범들은 다 큰일 났네....

자기를 위해서 기도해줄 착한 성녀도 없고....?

10. 골목 (밤)

가로등 환히 켜진 길, 손잡고 걸어오는 금자와 양희. 양희의 얼굴이 벅
찬 기쁨으로 빛난다.

양희

(소리)

허허허....

11. 금자 아파트 (밤)

불 켜자 드러나는 좁고 허름한 원룸 풍경. 작은 침대와 옷장, 미용실에
서 쓰는 회전의자와 화장대. 거울부터 들여다보는 금자, 화려한 스타일

로 변한 머리가 낯설다는 듯 만져본다.

양희

(옷장 안을 살피는 금자에게 다가가며)

....입던 건데, 급한 대루 일단 입어요.

(쭈뼛쭈뼛 다가가서 조심스레 끌어안으며)

더 좋은 것들 해주고 싶었는데....알죠, 제 맘?

금자

(뻣뻣하게 안긴 채)

힐은 없니?

양희

(포옹을 풀며)

....사실은 나 사랑했던 거 아니지?

그런 척만 한 거지?

(말없이 미용의자에 가 앉는 금자)

....뭐, 괜찮아요. 그래두 쓸모가 있다는 게 어디야....

아무리 그래두 언니, 너무 변했어요....

항상 눈웃음치구, 조곤조곤 말도 잘했잖아....

(비밀 이야기라도 하듯 속삭이며)

....벌써 작전 개시?

요염하게 다리를 포개고 앉는 금자, 대답 없다. 팬하면, 양희는 간 데 없고 텅 빈 실내. 계속 패닝, 다시 금자로. 담배 연기를 내뿜는다. 느닷없이 으하하 - 웃어젖힌다. 울리는 소리. 시험 삼아 해봤다는 듯, 웃음기를 싹 거둔다.

잠시 후 -

원모와 자기의 수배전단을 거울에 붙이는 이금자. 누렇게 변색하고 둘

레가 다 나달나달해졌다. 앞에 무릎 꿇고 앉는다. 비닐봉지에서 붉고 긴 양초를 꺼내 세우고 불을 붙인다. 봉지 안에는 같은 초가 수백 개나 담겼다.

잠시 후 -
기도 자세로 앉아 꾸벅꾸벅 조는 금자, 무슨 좋은 꿈을 꾸는지 미소까지 머금었다.

12. 설원 (낮)

벼랑 끝, 멀리 아래로 시원하게 펼쳐진 산 풍경. 금자가 긴 줄을 잡고, 개처럼 엎드린 채 목에 줄을 맨 백선생을 끌고 간다. 머리는 백선생, 몸은 개. 발밑에 구부러진 스키를 붙여서 잘 끌린다. 가슴과 배 아래로는 막대기들을 줄줄이 받쳐서 다리를 굽힐 수 없도록 해놓았다. 걸음을 멈추더니 백선생 앞에 무릎 꿇는 금자, 얼굴을 가까이 들이댄다.

금자
(백선생의 귀에 대고)
안녕히 가세요.

총을 빼들더니, 백선생 정수리에 수평으로 대고 쏜다. 총성과 함께 항문에서 피가 튄다. 목마처럼 앞뒤로 흔들흔들하는 백선생테리어의 시신.

13. 금자 아파트 (새벽)

무릎 꿇고 엎드려 자는 금자, 흐뭇하게 미소 짓는다.

14. 골목 (낮)

구식 모드의 파란 코트를 여며 입고 하이힐을 신은 금자, 뚜벅뚜벅 걷는다. 짙게 눈화장한 얼굴.

15. 아파트 복도 (낮)

긴 복도를 걷는 금자의 뒷모습. 초인종을 누르는데 벨소리 대신 웬 여자의 비명이 터진다.

16. 원모네 (낮)

비명 지르는 원모 엄마. 허공에 들린 식칼.

원모 아빠

(소리)

도대체....왜 이러는 거요, 우리한테?

칼을 들고 원모 부모를 노려보는 금자, 탁자 모서리에 왼손을 대고 새끼손가락만 펴서 올려놓는다. 장식장에 놓인 원모 사진액자, 그 뒤 벽걸이 거울에 비친 실내 전경 - 금자, 칼을 높이 올렸다가 내리친다. 아아악 - 비명 지르는 세 사람. 금자를 붙드는 원모 아빠.

금자

(이를 악물고 칼을 다시 들어)

....용서해주실 때까지.... 용서해주실 때까지....

원모 아빠

(팔을 잡고)

알았어, 알았으니까.... 여보, 일일구에 전화해, 빨리!

원모 엄마

(송수화기를 붙들고)

네, 네....여기 동부이촌동인데요.... 한빛 아파트 구 동 팔백이 호요....
....저기, 손가락 짤라진....네?
....여보, 거기 손가락 있는지 좀 보세요!

수건으로 지혈하다 말고 손가락을 찾기 시작하는 원모 아빠. 혼절하는
금자와, 마루를 기어 다니며 수색하는 부부.

17. 아파트 앞 (낮)

피범벅을 한 채 들것에 실려 지나가는 이금자. 피크닉용 아이스박스를
든 구급요원도 지난다.

금자

(반쯤 정신이 나가서)

제발....용서를....용서를....

이어 산소마스크를 한 채 들것에 실려 나오는 원모 엄마. 손을 내저으면
서 알아들을 수 없는 소리를 낸다. 앰뷸런스 떠난다.

여자 성우

(소리)

금자는, 십삼 년 동안 교도소에서
노동해서 번 돈을 몽땅 수술비로 써야 했다.

18. 「나루세」 앞 (낮)

한글/일어 병기된 「나루세 케이크」 간판. 자막 - 6일 후.

장씨

(소리)

....당분간은 오전까지만 일해.
내가 이게 저혈압이라, 새벽에 불편하니까....

19.「나루세」(낮)

공손히 두 손 모으고 선 이금자. 손가락을 보며 혀를 차는 장씨. 재료를
잔뜩 안아 든 근식이 들어선다.

장씨

근식아 인사해라, 니 사수다.
이금자라고, 내가 얘기했지?

근식

(앞이 보이지 않아 옆으로 돌아서며)
안녕하세요? 말씀 많이....

금자와 눈이 마주치자 손에 힘이 빠져 재료들이 우당탕 쏟아져 내린다.

장씨

....내가 이쁘다구 했잖어.

근식

(무시하고, 금자에게 한 걸음 다가서며)
....누나라고 불러도 되죠?

금자

(고개를 젓고)
그냥 금자씨.

20. 철공소 앞 (낮)

지저분하게 물건들이 쌓인 골목. 작은 공장 규모의 철공소.

21. 철공소 (낮)

불꽃을 튀기며 쇠를 깎는 남편 너머, 포옹하고 있는 우소영과 이금자.

소영

(소리)
이금자....처음 들어왔을 땐 갓난애처럼 줄창 울기만 했지.
이게 아주 우울했던 거라.

22. 교도소 거실 (낮)

구석에 무릎을 안고 훌쩍이는 금자. 다른 수감자들은 다 자기 할 일을
하느라 조용하다. 바닥에 엎드려 앉아 하트로 가득 찬 편지를 쓰던 우소
영, 짜증스러운 표정으로 손에 잡히는 대로 죄수3이 읽던 잡지를 냅다
던진다.

소영

씨발년....질질 짜고 지랄이야, 재수 없게.

소영의 입술이 떨리며 눈에 물이 고인다. 억지로 울음을 삼키는 금자,
쪼그리고 앉아 심호흡을 다섯 번 한다.

여자 성우

(소리)
언젠가 어떤 남자가 가르쳐준 대로
금자씨는 힘든 일이 있을 때마다
이렇게 주저앉아 심호흡을 다섯 번 한다.

어리둥절한 얼굴로 우소영과 이금자를 바라보는 다른 재소자들. 조용히 잡지를 주워가는 죄수3.

소영

(소리)

뭘 봐....

23. 은행 (낮)

머리에 뱀가죽 무늬 스타킹을 쓴 소영 부부.

소영

(멍청하게 쳐다보는 여행원들을 향해)

씨발년들아....재수 없게.

카운터에 올라선 부부, 트렌치코트를 훌렁 벗어젖힌다. 산적들처럼 어깨에 엽총탄대를 X자로 걸었다.

소영

(사제총을 겨누고)

모두 손 올리고 바닥에 엎드려!

남편과 마주 보는 소영, 스타킹 너머 두 눈이 초승달처럼 가늘어진다. 자막 - 우소영, 1990년-1996년 복역.

24. 운동장 (낮)

재소자들의 피구 시합. 식은땀을 흘리며 선 소영, 금자가 날렵하게 피한 공을 맞고 맥없이 쓰러진다. 금자, 다가와 소영을 붙들고 다급하게 주위를 둘러본다. 재소자들, 교도관들 몰려온다.

소영

(소리)

만날 수 없는 사랑 때문에 나는 죽을 것만 같았는데....

25. 병원 (낮)

두 병상에 마주 보며 누운 금자와 소영. 소영은 눈물을 흘린다.

소영

(소리)

사실은 만성 신부전 때문이었지만....하여튼 죽을 거 같았거든.
그런데 갑자기 이년이 지 신장을 떼어준다고 나서는 거야.
그게 무슨 교복에 달린 주머니도 아니고,
그렇게 쉽게 떼어주는 게 아니잖아?

금자

(생긋 웃어 보이며)

씨발년....질질 짜구 지랄이야, 재수 없게.

26. 철공소 (낮)

씬21 연결. 금자와 소영, 포옹 중이다.

소영

(남편을 돌아보며 혀 짧은 소리로)

여보오, 금자가 왔쪄!
(무슨 일인가 다가오는 남편. 소영, 금자를 찬찬히 들여다보며)
그나저나....애, 왜 이렇게 변했대....?

밝은 얼굴로 다가오는 소영의 남편, 손을 옷에 닦은 뒤 내민다.

27. 은행 (낮)

살짝 고개 드는 행원을 향해 총구를 돌리며 고함치는 남편.

남편

우리 마누라가 엎드리라고 하시잖아!

로우 앵글로, 천장을 향해 총을 쏘는 우소영. 슬로 모션.

남편

(소리)

....그때 알았습니다. 아아, 나는 여신과 결혼했구나....

28. 철공소 (밤)

총소리의 여운. 셔터를 내려놓고 소주를 마시는 세 사람.

소영

(남편에게 기대어)

이 사람과 함께라면 어딜 가도 두렵지 않았어....

여보, 그치이-?

남편

그렇지만 우리는 함께 가지 못했죠.

인서트 - 각각 경찰들에게 끌려가면서 서로를 향해 뻗는 안타까운 손길.

소영

(소리)

왜 부부 감옥은 없는고양? 부부는 일심동첸데....

남편

(예뻐 죽겠다는 듯 우소영의 이마에 가볍게 입 맞추며)

그게 천국이지, 감옥이양?

(금자에게)

어떻게 감사를 해얄지....

소영

여보오, 우리 금자 너무너무 위대한 작전을 준비 중이거덩?

도와줄 수 있찌?

금자, 노란색 책을 남편에게 건넨다. 『법구경』

잠시 후 –
책장들을 떼어서 책상에 펼쳐놓았다. 페이지마다 무슨 도면의 일부가 그려져 있다. 전혀 연결되지 않는 모양이다. 남편, 책장들의 위치를 이리저리 바꾸기 시작한다. 책상 구석에 수천 마리 종이학이 가득 담긴 커다란 병이 보인다.

잠시 후 –
마지막 퍼즐 조각을 제자리에 놓는다. 사제권총 설계도면이 완성된다. 스카치테이프를 가로세로로 붙이는 남편.

잠시 후 –
벽에 붙여놓은 도면을 바라보는 세 사람.

남편

....어디서 난 겁니까? 꽤 오래된 것 같은데....

29. 교도소 독방 (낮)

고선숙 노인의 기저귀를 빼내는 금자. 몸이 불편한지 낑낑대는 선숙.

선숙

(다급하게)
금자 동무, 나는 틀렸어.
어서 몸을 숨기시오....

자막 - 고선숙, 1967년-1991년 복역.

금자

옛, 이것만 닦고요....

선숙

닭고기는 나중에 먹고....
조심해, 개한텐 닭뼈 주는 거 아냐!
....저기 노란 책 좀 가져다 줘.

『법구경』을 가져다주는 금자. 책을 품에 안는 선숙, 편안히 누워 눈을 꼭
감고 미소 짓는다.

여자 성우

(소리)
치매에 걸린 남파간첩 고선숙은 교도소의 골칫거리였다.
금자가 그녀를 돌보겠다고 자원했을 때
소장은 안도의 한숨을 쉬었다.

선숙

(꿈꾸는 듯)
거기가 종로였을까, 명동이었을까....

하필이면 거기 누웠는데,
우리 엄마 아빠도 너무 멀어 못 오시고....
사람들은 나를 안 밟으려고 피해가면서
"저기 여간첩이 죽었구나" 속닥거리는데....
가슴에 품은 긍지로 인해 나는 죽을 수도 없었다.
문명이란 바로 위생인 것을....

금자

사는 것도 투쟁이라고 하셨잖아요, 안 죽기 투쟁....

선숙

(『법구경』을 내밀며 엄숙하게)
이 꽃을 너에게 준다.
동무에겐 원쑤가 있으니....

고선숙의 목소리 점점 작아지며 페이드아웃.

30. 교도소 독방 (밤)

선숙, 잔다. 벽에 기대앉은 금자, 『법구경』을 탐독한다. 얼굴에서 빛이
나면서 책장이 밝아진다.

여자 성우

(소리)
훗날 고선숙은 풀려나 북으로 돌아갔다.
들리는 말에 의하면 이동식 침대에 누워
김정일이 베푸는 만찬에도 참여했다고 한다.
그 자리에서도 똥을 쌌으면 어떡하나....
금자동무는 걱정이 되었다.

37

31. 아파트 앞 (밤)

다리를 건너 건물로 들어가는 금자.

32. 아파트 계단 (밤)

계단 오르는 금자. 현관 앞에 서자 센서로 불이 켜진다. 계단에서 졸던 전도사가 벌떡 일어난다. 비명 지르는 금자.

전도사

밤늦게 어딜 이렇게 돌아다녀요....
(어떻게 알았냐고 묻는 표정의 금자에게)
....「나루세」가서 물어봤어요.

금자

(가방에서 휴대전화를 꺼내 버튼을 누르더니)
....아저씨....정말 이러시기예요?
....아, 글쎄....개나 소나 집 찾아오는 거 싫단 말이에요....
....알았으니까, 내일 봬요.

휴대전화를 탁 닫는 금자.

33.「나루세」(밤)

전화기를 귀에 댄 채 망연히 선 장씨, 한숨 쉰다.

34. 아파트 계단 (밤)

계단을 내려가 금자 앞에 서는 전도사.

전도사

금자씨, 왜 이렇게 변했어요....이런 사람 아니잖아요....

우리, 처음부터 다시 시작해요....

(눈물을 글썽이는 전도사, 금자 뺨을 쓰다듬으며)

교회 나오세요, 네?

금자

(물러서 가방을 뒤적뒤적하더니 『법구경』을 꺼내 보여주며)

저, 개종했어요.

35. 교도소 거실 (낮)

주눅 든 얼굴로 선 오수희. 자막 - 오수희, 1993년-1994년 복역. 멀뚱히 바라보는 다양한 연령대의 여성들.

죄수1

간통이지?

수희

어머! 어떻게 아셨어요?

죄수2

낯짝에 써 있다, 이년아.

구석으로 가라고 턱짓하는 죄수2. 애써 가슴을 펴고 고개를 쳐들어 당당하게 걸으려는 수희, 발을 거는 죄수3. 수희, 넘어지자 키득거리는 여자들. 엎어진 채 눈물을 글썽이며 고개 드는 수희, 코앞에 누군가의 발바닥이 보인다. 고개를 더 들면, 물끄러미 내려다보고 있는 마녀, 삭막하게 생겼다.

마녀

기어 와.

(잠시 머뭇거리던 수희, 분위기가 심상치 않음을 느끼고 기어 온다.

마녀, 자기 다리 위에 엎드린 수희에게)

벗겨.

(고개를 들어 두리번거리는 수희, 금자와 눈이 마주친다.

금자, 슬쩍 외면하며 손에 든 성경책으로 눈을 돌린다.

죄수4가 손짓으로 바지를 벗기라고 가르쳐준다.

바지를 당겨 내리는 수희. 무릎을 세우고 가랑이를 벌리는 마녀)

잘 보여?

(울상이 된 채로 끄덕거리는 수희에게)

인사해....안녕?

수희

(울먹이며)

안....녕?

36. 샤워실 (낮)

욕조에 다리를 벌리고 걸터앉은 마녀. 앞에 무릎 꿇고 앉아 아랫도리를
빨아주는 수희.

수희

(소리)

이 씨발년이, 그 유명한 '마녀'다.

37. 전원주택 (낮)

바비큐 그릴 앞에서 고기를 뒤집으면서 우물우물 씹는 마녀.

수희

(소리)

간통한 지 남편과 상대 여자를 죽인 다음, 먹었다고 한다.

(화면 넓어지면, 아름다운 전원주택 전경. 마당 가운데 우뚝 선 마녀.
주위를 에워싼 경찰차들. 총을 겨누며 마녀에게 다가가는 경관들)

그러니까 내가 제일 운 나쁜 사람은 아니야.

딱 오 분만 빨아주고 울어버리자.

38. 샤워실 (낮)

마녀가 좋아서 어쩔 줄 몰라 하는 사이, 뒤로 이금자가 살며시 들어온다.
바닥에 엎드려 뭔가 열심히 일한다.

마녀

(헐떡이며)

삐삐 마른 년들은 질색이야.

그러니까 이금자 그년, 밥 좀 많이 먹으라구 해.

뭔가 끝난 듯 무릎이 꺾이는 마녀, 조용히 수희를 떼어놓더니 침울한 표
정으로 나간다. 얼굴을 감싸고 흐느끼는 수희. 꽈당 소리가 나서 돌아
보면, 타일 바닥에 쓰러져 신음하는 마녀. 비누를 들고 선 금자, 내려다
본다. 울던 눈으로 물끄러미 금자를 보는 수희.

39. 공방 (저녁)

세련된 공예 소품들을 전시해놓은 실내. 오수희한테 안긴 금자, 멍하니
딴 데 본다.

수희

(포옹을 풀고 물러서며)

자기, 스타일 변했네?
왜 이렇게 눈만 시퍼렇게 칠하고 다녀?

금자

(시선 고정한 채)
친절해 보일까봐.

수희, 금자가 보는 곳을 돌아보면, 진열장에 놓인 물건들. 유디뜨 분위기
로, 손에 남자 머리를 든 조상들. 다 같은데 남자 얼굴만 서로 다르다.

수희

남자 사진 갖고 와서 주문하면 만들어주는데....
반응이 좋아....하나 해주까?

금자

(가방에서 종이 한 장을 꺼내 내밀고)
은으루 해줄 수 있어?

수희, 받아 본다. 디자인 도면 - 두 개의 길쭉한 사각형 안에 그려진 물결
무늬.

수희

뭐야? 귀걸이야?
아닌가?
(대답 없자)
....그 새낀 찾았어?

금자

응.

수희

죽였어?

금자

아직.

수희

왜?

금자

바빴어.

수희

맛있는 걸수록 됐다 먹는, 그런 맘?

금자

응.

40.「나루세」(낮)

진열장 안의 케이크 조각 중 하나를 가리키는 최반장 아내. 뒷짐을 지고 서서, 주방 쪽을 뚫어지게 바라보는 최반장. 남편의 시선을 좇다가 금자를 발견하는 부인.

근식

(케이크를 꺼내며)
볼 줄 아시네요.

부인

주인아저씨가 일본에서 공부하셨다고....맞죠?

근식

(금자를 돌아보며)

이건 저분이 만드셨어요, 저분은 경주에서 공부하셨어요.

갓 구운 빵 쟁반을 들고 나오는 금자, 최반장을 발견하고 우뚝 선다. 쟁반을 내려놓고 장갑을 벗는다.

최반장

(손을 내밀며)

너무 변해서 몰라보겠네.

맞잡는 금자. 놓지 않고 가만히 서로 응시하는 금자와 최반장. 둘을 번갈아 쳐다보는 근식과 부인.

41. 거리 (낮)

생각에 잠긴 얼굴로 걷는 최반장 부부. 부인은 케이크 상자를 들었다.

부인

(확 돌아보며)

누구야?

42.「나루세」(낮)

반죽을 하던 근식, 금자를 향해 슬쩍 말을 건넨다.

근식

누구예요?

오븐 앞 금자, 돌아본다.

부인
(소리)
이쁘대?

43. 거리 (낮)

앞만 보며 걷는 최반장.

금자
(소리)
전에, 내 담당 형사.

44. 「나루세」(낮)

근식의 놀란 얼굴.

부인
(소리)
어머 어머! 세상에....

45. 거리 (낮)

입을 딱 벌리고 걸음을 멈추는 부인.

46. 「나루세」(낮)

근식
(떨리지만 억지로 웃어 보이며)
에이 – 금자씨두....

금자

내가 딱 니 나이 때 말이야....

그러니까 내가 스무 살이고 니가 여섯 살일 때....

내가 딱 여섯 살 먹은 애를 잡아다 죽였어.

(근식을 향해 돌아서며 아무렇지도 않은 듯 웃으며)

걱정 마, 먹지는 않았으니까.

부인

(소리)

어떻게 먹어....

47. 거리 (낮)

징그러운 벌레를 털어내듯 케이크 상자를 바닥에 떨어뜨리는 부인.

부인

....사람 죽인 손으로 만든 거를!

착잡한 표정으로 상자를 내려다보다 고개를 드는 최반장.

금자

(과거의 소리)

내가 죽였다니까요?

48. 경찰서 신문실 (밤)

탁자 앞에 앉은 금자. 최반장은 생각에 잠긴 얼굴로 왔다 갔다 한다.

금자

(심호흡을 하고)

도대체 몇 번을 얘기해야 돼요?

최반장
그럼, 그 구슬이 어떻게 생겼는지 말해봐.

금자
예?

최반장
아까 니가, 보긴 봤는데
어디 갔는진 모른다고 한 구슬 있잖아....
원모가 젤 아끼던 대마왕 구슬. 무슨 색이야?

기억을 더듬으려는 듯 얼굴을 찌푸리는 금자. 걸음을 멈추고 대답을 기다리는 최반장.

금자
....연두색.
(애써 당당한 척하더니 금자, 갑자기 눈물을 흘리며)
죽여 놓고 안 그랬다고 하는 수는 있어도,
안 죽이고 죽였다고 하는 사람이 어디 있어요?
(아예 엉엉 울며)
왜 사람 말을 못 믿어요....
살인자 말이라고 안 믿는 거예요?
자꾸 이러시면 난 정말 속상해서 죽을 것 같잖아요....

최반장, 잠시 금자가 울며불며 지껄이는 모습을 내려다보다가 자기 앞에 펼쳐진 서류 파일을 탁 덮어 바로 앞에 던져준다. 울음을 뚝 그치고 내려다보는 금자 시점으로, 파일의 주황색 표지. 올려다보는 금자. 슬쩍 외면하는 최반장. 금자, 다시 파일을 내려다보면 점점 커지면서 화면에 가득 차는 주황색.

49. 공터 (낮)

넋이 나간 금자, 컨테이너 박스로 호송된다. 경찰, 기자와 구경꾼들로 북
새통이다. 유족들과 전경들의 실랑이.

50. 컨테이너 박스 (낮)

현장검증 하는 금자, 마네킹의 손을 전깃줄로 예쁜 리본 모양으로 만들
어 묶어놓는다. 기자와 형사들 틈에 섞여 지켜보던 최반장, 어이없어한
다. 금자, 떨리는 손으로 쿠션을 잡으려고 하지만 바닥에는 노란색과 고
동색, 두 개의 쿠션이 있다. 망설이는 금자, 최반장을 본다. 최반장, 무표
정한 얼굴로 딴 곳을 보며 오른손으로 자기 손목시계의 고동색 가죽줄
을 문지른다. 금자, 자신 있게 고동색 쿠션을 집어 든다. 기자들 못 보게
슬쩍 고개를 끄덕이는 최반장. 쿠션으로 인형 얼굴을 덮는 금자. 요란
하게 터지는 카메라 플래시, 기자들이 금자 주변으로 더욱 격렬하게 모
여든다. 가로막는 경찰들. 점점 힘을 주는 금자, 갑자기 인형 머리가 툭
빠진다. 밀던 힘에 의해 앞으로 엎어지는 금자. 사람들, 낮은 탄성을 내
며 움찔한다. 울다 지쳐 혼절하는 원모 엄마, 달려들어 부축하는 남편.
최반장을 돌아보는 금자, 의기양양해하는 얼굴이 진짜 살인자 같다.

51. 「나루세」 (낮)

얼빠진 표정의 근식. 평온한 얼굴의 금자.

금자
게다가 난, 교도소에서 두 살인을 했어.

반죽을 중단한 채 고개를 들지 못하고 눈물을 글썽이는 근식, 뻔뻔스러

운 얼굴로 바라보는 금자.

근식

(울상이 되어 탄식하며)

....아휴-

근식, 황급히 작업을 재개한다. 꾹꾹 힘주어 누르는 반죽 위로 뚝뚝 떨어지는 눈물방울들.

여자 성우

(소리)

혹시 근식은 바보가 아닐까....생각해보는 금자였다.

52. 입양알선기관 (낮)

여직원

(직업적인 동정이 어린 표정)

말씀은 알겠는데요....

관련 법규에 따라서 그런 부분은 절대 알려드릴 수가 없거든요?

(건성으로 듣는 둥 마는 둥, 주변을 두리번거리는 금자.

여직원, 브로슈어를 건네며)

대신 입양 사후 상담 프로그램이 있는데요....

금자

입양됐는지 만이라도 알 수 없을까요?

여직원

통지, 못 받으셨어요?

금자

교도소에 있었거든요.

53. 옥상 (저녁)

구석에 앉아, 앙증맞게 예쁜 티라미스를 먹으며 노을 구경하는 금자, 오들오들 떨며 보온병에 든 커피를 마신다.

여자 성우

(소리)

여러분에게 열아홉 살 금자를 보여주고 싶다.

누구나 돌아볼 만큼 예쁘지만 전혀 까다롭지는 않았던, 소녀 이금자.

54. 수족관 (밤)

푸른 유리 앞에 고개를 푹 숙이고 선 여고생 금자. 훌쩍이며 떨리는 어깨, 귀에는 이어폰을 꽂았다. 다이버가 물고기들에게 먹이를 준다.

여자 성우

(소리)

불쌍하게도 소녀는, 지금 미치기 일보 직전이다.

(주저앉았다가 다시 벌떡 일어서는 금자)

하지만 결국, 늦든 빠르든

모든 여자에게 일어나는 일이라는 식으로 마음을 추스른다.

이리저리 서성대던 금자, 이윽고 결심했다는 듯 성큼성큼 걷기 시작한다.

55. 옥상 (밤)

웅크린 채 조는 금자.

금자
(소리)
안녕히 가세요.

총성. 또 흐뭇하게 웃으며 자던 금자, 몸을 일으킨다. 뻣뻣해진 몸을 펴고 잠시 스트레칭 하다가 한 바퀴 뛴다.

56. 63빌딩 로비 (밤)

줄줄이 선 공중전화들. 수첩과 볼펜을 꺼내 들고 전화하는 열아홉 금자. 사람들 지나다닌다.

금자
백선생님? 저 금자예요, 이금자....
왜, 작년에 교생 나오셨을 때.... 맨날 구두 닦아드렸었는데....
모르셨구나.... 저보구, 섹시하게 생겼다구 그러셨잖아요, 히-
(수줍다는 듯 몸을 꼬며 웃다가 이내, 반색하며)
네, 맞아요. 기억나시죠?
네?....뭐 별일은 아니구요....선생님, 제가 임신을 했는데요....
임신이요! 아니요, 임신!.... 예....
저....선생님한테 가서 살면 안 돼요?
예?....엄마 집은 좀 그래요, 그렇다구 아빠한테 갈 수도 없고....
예?.... 걔는 덩치만 컸지 아빠 노릇 할라면 한참 멀었어요.
저는 쫌....성숙하구 책임감 있는 남자가 필요한데....히-

57. 다세대 주택 현관 앞 (밤)

초인종을 누른 다음 콤팩트를 열어 거울을 들여다보는 열아홉 금자, 재빨리 립스틱을 바른다.

여자 성우

(소리)

아가야 걱정 마, 이 엄마가 있잖니?
(백선생, 문을 연다. 샤워하다 나왔는지 웃통 벗은 몸에,
머리에서도 물이 뚝뚝 떨어진다. 가슴에 털이 무성하다.
입술 바르던 금자, 백선생의 야성적인 모습에 할 말을 잊는다.
손에 힘이 빠지는 듯 콤팩트를 떨어뜨리는 금자)
....열아홉 소녀는 중얼거렸던 것이다.

58. 거리 (밤)

자일에 매달려 빌딩 벽을 내려가는 금자가 조그맣게 보인다. 서툰 동작 때문에 아슬아슬해 보인다.

59. 서류보관실 (밤)

어두운 방. 창밖으로, 자일에 매달려 내려오는 금자. 누런 포장용 테이프를 유리에 줄줄이 붙인 다음 망치로 때린다. 작은 소리를 내며 안으로 무너져 내리는 창.

잠시 후 -
가느다란 플래시를 물고 이동식 서가를 뒤지는 이금자, 서류철을 꺼내 넘겨가다 마침내 찾아낸다. 캥거루와 함께 찍힌 여자아이의 사진을 유심히 들여다보는 금자.

60. 「나루세」 (밤)

다 만든 프랑보와즈 케이크를 들어 살펴보는 장씨.

> **장씨**
> (소리)
> 타이밍이라고, 잠 안 오는 약이 있어요.
> 예전에, 동경에서 막 와가지구 큰 제과점 공장장 할 때....

61. 거리 (낮)

회전하는 자전거 바퀴.

> **장씨**
> (소리)
> 일이 많을 때면 직원들 앞에서 제가 먼저 타이밍을 먹었죠,
> 다들 절 싫어했습니다.
> (차창 밖으로 몸을 내밀고 내다보는 트럭 운전수의 당황한 얼굴.
> 길바닥에 엎어져 신음하는 장씨)
> 이걸 먹구 자전거 탈 땐 조심해야 됩니다.

62. 「나루세」 (밤)

배낭 차림으로 들어서는 이금자. 창밖으로, 담배 피우며 서성이는 근식이 보인다. 슬쩍슬쩍 안을 들여다본다.

> **장씨**
> 어이 무슨 일이야, 이 시간에?

> **금자**
> 가불 좀 해주세요.

53

금자를 노려보고는 데코레이션을 계속하는 장씨. 손이 떨려서 진도가
안 나간다.

장씨

(소리)

부모님 계시는 경주로 내려갔습니다.
여자 교도소에 자원봉사를 나가게 된 건
다리를 절어서 장가 못 가면 어떡하느냐고
하도 걱정을 하셨기 때문입니다.

장씨

(퉁명스럽게)
가불은 불가.

장씨 손에서 크림 튜브를 뺏어드는 금자, 데코레이션을 시작한다.

장씨

(소리)
삼 년째 되는 해, 어떤 유괴범이 만든
초콜릿무스를 맛보았을 때
저는 거의 죽고 싶었습니다.

63. 교도소 작업실 (낮)

초콜릿무스를 조금 잘라 입에 넣는 장씨. 초조하게 지켜보는 금자. 장
씨, 눈을 감고 음미한다.

장씨

(소리)
죄수들에게 주어지는 재료란 초라한 것이죠.

그런데 이금자는 그걸 가지고
왕이나 먹을 법한 케이크를 만들어 냈거든요.

64.「나루세」(밤)

멋진 장식을 만들어내는 금자. 장씨, 외면한 채 곁눈질로 금자의 솜씨를
구경한다.

금자

삼 개월 치요.

장씨

(금자의 솜씨 좋은 손과 뻔뻔한 얼굴을 번갈아 보며)
너....그러믄 못쓴다, 사람이....
(고개를 절레절레 흔들며 혼잣말로)
....변했어.

65. 교도소 작업실 (밤)

장씨가 초조하게 지켜보는 가운데 녹차 시폰을 시식하는 교도소장. 눈
을 감고 음미한다.

장씨

(소리)
시식해본 교도관들도,
'세상에서 가장 쓴 맛을 본 사람이 만들어내는
가장 달콤한 케이크'라고들 품평했지요.

고개를 끄덕이는 소장. 장씨, 씨익 웃는다.

66.「나루세」(밤)

카운터로 가 뭔가를 적기 시작하는 금자.

장씨
(소리)
결국 저는 경주 생활을 정리하고 상경했습니다.
「나루세」를 차릴 수 있는 힘이 났거든요.

장씨
(기웃거리며)
....뭐하는 거야?

금자
(눈도 안 들고)
계좌번호요.

몸을 돌려 조리대를 내려다보는 장씨, 아름다운 케이크가 완성되어 있다. 장탄식하는 장씨.

67.「나루세」앞 (밤)

금자 나온다. 서성이던 근식, 피우던 담배를 얼른 버린다.

68. 술집 (밤)

찌개를 앞에 놓고 소주를 들이켜는 근식.

근식
(무심코 담배를 물었다가 황급히 떼고 허락을 구하듯)
....담배....?

금자

펴, 펴....

근식

(불붙이고 연기를 내뿜고는 한참 있다가)

....저는요....가정도 일쩍 꾸리고 싶고요....

결혼은 좀 존경할 수 있는 분하고....

(고개 푹 숙이고 한참 있다가, 취한 척하는 말투로)

....죄를 지었다....지었으면, 응? 반성하구, 응?

다시는 안 그런다, 딱 결심하구, 응?

그런 거 아니겠어, 인생이?

이거저거 풍부하게 경험두 해보구 말야....

(제법 호기롭게)

안 그래, 금자씨?

금자

나....사람 하나 더 죽일라구 그런다.

근식

네?

빤히 바라보는 금자의 시선을 못 견디고 도로 고개 떨구는 근식.

금자

너....내가 그렇게 좋니?

근식

네.

금자

내가 섹시하다구 생각하니?

근식

네....아니요, 아니....네.

근엄한 표정으로 술잔을 드는 금자.

69. 금자 아파트 (밤)

신도 안 벗고 현관에 쪼그려 앉은 근식.

근식

저는.... 얘기를 좀 했으면 싶은데....

실내의 금자, 지퍼를 내리고 원피스를 훌렁 벗는다. 무심코 돌아봤다가
황급히 고개를 돌리는 근식, 금자 다가오자 당황해서 벌떡 일어선다.

근식

얘기는 그럼 쫌 이따 할까요?
(금자, 근식의 벨트를 풀어 바지를 벗긴다. 근식의 낮은 비명)
....저 겁 줄려구 이러시는 거죠?
정떨어지라구 이러는 거죠?

금자

(눈을 들여다보며)
너는 여자가 이러면 정떨어지니?

근식

(바로)

아뇨.
(침대로 가 얌전히 누운 다음 다소곳이 눈을 감고)
....하세요....

잠시 후 -
마구 엉클어진 침대에 슈미즈 차림으로 걸터앉아 담배 피우는 금자. 누
워서 금자를 보는 근식, 머리맡 재떨이를 가져다 옆에 놓아주고 도로 눕
는다.

금자

(담배를 비벼 끄며 건조한 목소리로)
좋았니?
(수줍게 고개를 끄덕이는 근식)
....별루라든데....?

근식

(도무지 이해가 안 간다는 표정으로)
그럴 리가....

벌떡 일어나 화장대 쪽으로 가는 금자, 바라보는 근식.

금자

세상엔 좋은 유괴하고 나쁜 유괴가 있다구 그랬어, 백선생이.

근식

예?

금자

(억양 없이, 쉬지 않고 문장을 이어가며)
아이를 잘 데리구 있다 건강하게 돌려주는 건 좋은 유괴랬어. 어차피 부

잣집이니까 몸값 조금 뜯어내도 망하는 거 아니구, 며칠 속이 타겠지만 감동적으루 다시 만나면 더 화목한 가정이 됐대. 그래 놓구 원모를 죽였어, 백선생이. 애가 자꾸 우니까 오 분만 더 울면 죽여버리겠다구 겁을 줬어, 그리구 정말 죽였어. 살았으면 딱 지금 니 나이였을 텐데, 죽였어. 근데 경찰이 목격자를 찾아냈어, 내가 원모 데리고 목욕탕 간 걸 봤대. 어느 날 시장에 다녀왔더니....딸애가 없었어. 백한상한테서 전화가 왔지. 내가 다 뒤집어쓰고 자수하지 않으면, 내 딸도 죽는다고. 그러니까....유괴범이 유괴범 아이를 유괴한 거야. 재밌지?....

(잠시 후)

....재밌잖아!

(금자가 이야기하는 동안, 배경에서 들릴 듯 말 듯 이어지는
과거의 소리들,
유괴 범죄의 정당성을 역설하는 백선생의 음성,
원모의 천진한 목소리 "나 몇 밤 자면 집에 가는 거야?
나중에 또 데리러 올 거지, 누나?",
원모 우는 소리, 뉴스 앵커의 목소리, 전화벨 소리,
갓난아기 제니의 울음소리, 금자의 절규....
갑자기 근식 가슴에 열쇠 뭉치가 떨어진다.
금자, 언제 그런 얘기를 했냐는 듯 자못 일상적인 말투로)

가운데 제일 큰 게 집 열쇤데....
저것 좀 부탁해, 안 꺼지게.
다른 거 건드리면 머리에 빵꾸 낸다.

근식, 눈을 돌리면 금자는 벌써 옷을 다 입고 촛불 켜진 제단을 가리키고 섰다.

근식

(혼란스러운 얼굴로 열쇠와 금자를 번갈아 보며)

어디....가세요?

70. 초원 (낮)

띄엄띄엄 거목들이 선 광야. 여름교복 차림으로 나무 그늘에 앉은 제니, 심심해 보인다. 하늘을 보면 구름으로 쓰인 글씨, 'You have no mother.' 차 소리에 돌아보면 거꾸로 선 화면, 택시가 급정거한다. 금자 내린다. 고개를 완전히 뒤로 꺾고 누웠던 제니, 다시 하늘을 본다. 'no'를 이루었던 구름이 희미하게 흩어지고 있다.

71. 자궁 (밤)

반짝이는 물고기들이 떠다닌다. 진공 상태의 물방울 안에 든 아기 제니, 입을 뻐끔거리며 신기한 듯 내다본다.

제니
(소리)

A long time ago, when everyday was night,
I was in a bubble floating. No one was there
but a woman saying something weird.
옛날에, 매일매일이 밤이었을 때
나는 물방울을 타고 세상을 떠다녔다.
거긴 아무도 없는데 어떤 여자의 괴상한 말만 들렸어.

심장박동 같은 박자 커진다. 물이 출렁하면서 풍선 속 제니가 한 바퀴 돈다. 자장가를 부르는 금자의 콧노래 소리. 자장자장 배를 다독이는지 파도치듯 물이 흔들린다. 귀를 기울이는 표정의 아기 제니.

금자
(소리)

말했지? 멋지게 자리 잡을 거라고....
백선생님은 아무것도 묻지 않고 엄마를 받아줬어.
엄마 이젠 학교도 안 가고

밥이랑 빨래 같은 거 조금 하고....
하루에 한두 번씩만 선생님 기분 풀어드리면 된다....
....엄마가 열심히 할게, 너는 너하고 싶은 대로 다 하고....
미친년처럼 키울 거야.
사람들이 손가락질하면....그럼, 내가 뭐라구 할 건지 알아?
이거 보세요....너나 잘하세요....히힛!

제니

(소리)

What did she say?

<u>뭐라는 거야, 이 여자?</u>

72. 초원 (낮)

황량한 풍경 속에, 멀찍이 마주선 금자와 제니의 롱 쇼트.

금자

(소리)

먼저....Hello.

....I'm Lee Geum-ja, from Korea.

<u>안녕하세요? 저는 한국에서 온 이금자입니다.</u>

I had a baby 13 years ago.

<u>저는 13년 전에 아이를 낳았습니다.</u>

휘익 - 먼지바람이 모녀의 치맛자락을 날린다.

73. 금자 아파트 (저녁)

노을빛이 물든 한영사전의 페이지를 넘기는 손. 사전을 뒤지며 한 단어 한 단어 겨우겨우 써내려가는 금자.

금자

(소리)

I think it's your daughter now.

<u>지금 당신들 딸이 그 아이인 것 같군요.</u>

I came here only to see her once and for all.

<u>제가 여기 온 것은 아이를 한 번이라도 보기 위해서입니다.</u>

74. 제니 집 거실 (오후 - 저녁)

위스키 잔을 들고 앉은 늙은 히피 부부, 고양이를 데리고 가운데 앉은 제니. 맞은편에, 방금 낭독을 마친 편지를 접어 핸드백에 넣는 금자. 부부, 서로의 얼굴을 보며 손을 맞잡는다.

양엄마

(떨리는 목소리로, 남편에게)

I need to smoke.

<u>한 대 피워야겠어요.</u>

잠시 후 -

일기예보 프로그램이 방송되는 TV 화면. 미친 듯 웃는 세 사람의 소리. 고양이를 안고 소파에 깊숙이 앉은 제니, 팔짱을 낀 채 심각한 표정으로 뚫어져라 TV를 본다. 짜증스러운 듯 돌아본다. 주방 식탁에는 양부모와 금자가 위스키 잔과 마리화나를 돌리며 엉망진창으로 취해 웃는다. 느릿느릿해진 세 사람의 움직임과 말투. 양부모의 대사는 모두 유창한 한국어 성우 더빙.

양엄마

당신이 부러워! 제니 같은 아이를 낳았잖아.

양아빠

(탁자에 세워진 액자를 가져와 보여주며)

이거 봐! 정말 귀엽지 않아? 인형 같지?

활짝 웃는 제니의 사진 클로즈업.

양엄마

제니가 없었다면 우리는 어떻게 살았을까?

사진 속 제니, 움직인다. 웃음을 거두고 짜증스럽다는 듯 얼굴을 잔뜩 찌푸린다.

75. 제니 집 앞 (밤)

초원에 집 한 채만 덜렁.

76. 제니 방 (밤)

서로 등 돌리고 누운 모녀. 제니 머리맡에 앉은 고양이.

제니

(또박또박)

What do you, call, 'Mom', in Korea?

<u>한국에선 엄마를 뭐라고 불러?</u>

(반응이 없자 천천히 다시 한 번)

What, is, 'Mom', in Korean?

<u>한국말로 엄마가 뭐야?</u>

금자

(잠시 생각하다가)

....금자씨.

제니

(일어나 앉아 금자의 몸을 돌려 누이며)

Can you, take me, to Seoul, 금자씨?

<u>날, 서울로, 데려가, 줄 수 있어요, 엄마?</u>

자기와, 금자와, 머리맡 지구본의 서울을 차례로 가리키며 천천히 말한다.

금자

(벌떡 일어나 손을 내저으며)

No! Your mother.... your father.... no!

<u>그건 절대 안 돼! 너희 양부모님께서 싫어하실 거야.</u>

77. 제니 집 거실 (아침)

소파에 나란히 앉은 양부모, 입을 헤 벌리고 눈만 끔벅인다. 맞은편에, 제 목에 칼을 들고 선 제니. 금자, 풀썩 주저앉아 고개를 숙이고 다섯 번 심호흡한다.

78. 공항 (저녁)

카메라를 덮치듯 날아가는 비행기.

79. 금자 아파트 (낮)

바닥에 트렁크 두 개. 침대에 앉은 금자, 한숨 쉰다. 외투도 안 벗고 미용 의자에 앉아 콧노래를 부르면서 빙글빙글 도는 제니. 제니가 일으키는 바람에 제단의 촛불이 흔들린다.

금자

어쩐지....일이 잘 풀린다 했어....

80. 철공소 내실 (저녁)

모여 서서 뭔가를 들여다보는 금자 모녀와 소영 부부.

남편

대포 같은 소리가 날 거예요, 화염도 크고....
워낙 원시적인 형태라....

총을 건네준다. 이리저리 돌려보는 금자. 멋진 은세공 장식이 손잡이 양쪽에 붙었다. 신기해하는 제니, 만져보려고 하지만 금자가 엄한 표정을 지으면서 손을 탁 때린다.

소영

이런 건 뭐 하러? 후련하게 잘 쏴지면 그만이지.

금자

(은장식을 쓰다듬으며)
예뻐야 돼....뭐든지 예쁜 게 좋아.

남편

유효 사거리가 짧기 때문에 아주 가까이 가야 돼요.
(금자 손에서 총을 가져와)
심장 뛰는 소리가 들리고,
이마의 땀이 보일 정도면 좋고.
(조준 자세를 취하며)
....테니스나 마찬가지예요, 좋은 폼은 평생 가요.
어디 연습장 봐둔 데 있어요?

81. 골목 (밤)

가로등이 길게 늘어선 길을, 조금 떨어져서 말없이 걷는 모녀의 롱 쇼트.

제니
(소리)

I have a question.

물어볼 게 있어.

82. 금자 아파트 (밤)

일렁이는 촛불 빛이 어른거리는 원모와 금자의 수배전단. 제니의 잠옷 단추를 채워주는 금자, 침대에 눕힌다.

제니
Why'd you dump me?

왜 나를 버렸죠?

금자
응?

(이불을 잘 덮어주며)

....내일은 소풍 가자.

다독이며 허밍으로 자장가를 불러주는 금자.

제니
I mean, why....why....

그러니까, 왜....왜....

금자
그래, 그래....소풍....

말똥말똥 눈을 뜨고 엄마를 보는 제니. 노래하면서 손바닥으로 얼굴을 쓸어 눈을 강제로 감기는 금자. 도로 눈 뜨는 제니, 또 감겨주는 금자.

잠시 후 -

잠자는 모녀. 또르륵 또르륵 마룻바닥에 뭔가 구르는 소리 들린다. 부스스 일어나는 제니, 잠결에 여기가 어딘지 모르겠는 듯 두리번거린다. 제단 곁에서 혼자 구슬치기를 하며 노는 원모 유령, 손에 들린 주황색 구슬.

제니

(잠시 멍한 눈으로 바라보다가)

Do you speak English?

<u>너 영어할 줄 알아?</u>

(놀라 손을 내젓는 원모)

Damn....

<u>제기랄....</u>

털퍼덕 자리에 눕는 제니, 도로 잠든다. 다시 구슬 구르는 소리. 아무것도 모르고 곤히 자는 금자.

여자 성우

(소리)

오래전부터 금자는,

원모를 직접 만나 용서를 빌고 싶다는 강렬한 소망을 갖고 있었다.

원모가 제니 앞에 나타났다는 사실을 알았다면

아마 몹시 서운해했을 것이다.

83. 모란시장 (낮)

눈이 녹아 질척한 길. 돈을 지불하고 강아지를 넘겨받는 금자.

84. 국도 (낮)

운전하는 근식, 신이 났다. 조수석에 개를 안은 금자, 뒷자리에 앉아 손 거울을 들고 자기 뺨에 고양이 수염을 그리는 제니, 스테레오에서는 유행가. 따라 부르는 근식.

근식
주말은 가족과 함께! 멍멍이도 데리고! 그죠?

뒷자리의 제니가 심심한 듯 자장가를 허밍으로 부른다. 졸린 듯한 시점으로, 휙휙 지나가는 맑은 하늘의 흰 구름과 산들의 완만한 능선. 창밖 풍경만 내다보는 금자, 오른팔을 뻗어 금자 왼손을 잡으려는 근식. 얼른 손을 빼는 금자. 금자 품에서 빠져 나온 강아지가 제니 손을 핥기 시작한다. 발톱을 세우듯이 손을 내밀고 무섭게 캬아 - 겁주는 제니.

85. 숲 (낮)

무릎까지 빠지는 눈밭을 헤치고 야산을 천천히 오르는 세 사람. 금자의 자장가 멜로디에 제멋대로 가사를 붙여 부르며, 마른 나뭇가지를 뚝뚝 부러뜨리고 다니는 제니.

제니
(노래)
No friend, No mother.
I don't need anybody anyway.
Just tell me where I am from....
O wind, do you know....?

눈을 뭉쳐 던지는 근식, 제니 뒤통수에 맞는다. 계속 던지는 근식, 계속해서 무시하는 제니. 하늘을 보고 한껏 공기를 들이마시는 금자, 모처럼 웃는다. 앞서 가던 제니가 우뚝 선다. 금자와 근식, 가서 나란히 선다.

아래 펼쳐진 풍경, 아담한 초등학교 폐교. 타조처럼 날갯짓을 하면서 막 뛰어 내려가는 제니.

86. 운동장 (낮)

낡은 교사를 배경으로, 눈 쌓인 운동장에 홀로 선 금자, 품에 안은 강아지를 내려다본다.

87. 교실 (낮)

분필로 칠판에 '오빠'라고 적는 근식. 걸상에 앉은 제니, 앞에 빨간 종이를 펼쳐놓고 뭔가 열심히 쓴다.

근식
(자기를 가리키며)

오....빠....
(슬쩍 쳐다볼 뿐 관심 없는 제니, 빨간 종이를 접어 빨간 봉투에 넣는다.
근식, 주변을 살펴 금자가 없다는 것을 확인한 후
슬쩍 '오'를 지우고 '아'라고 써넣는다. 자기를 가리키며)
아....빠....아빠....해봐....아, 빠!

제니
(마음속 소리)
Stupid.
<u>병신.</u>

88. 운동장 (낮)

강아지의 덜미를 잡고 심장에 총을 겨눈 금자, 차마 바로 보지 못하고 덜덜 떤다. 느닷없이 터진 총성에 놀라 엉덩방아 찧는다. 눈에 피가 뚝뚝

떨어졌다. 눈 덮인 산에 메아리. 가슴에 놓인 강아지 시체를 밀어 떨어
뜨리더니 마구 뛰어 달아나는 금자.

아이들

(노랫소리)

Where is father, Where is father?

89. 영어학원 (낮)

교실에 앉은 대여섯 살의 어린 아이들, 영어 노래를 부른다.

아이들

(노래)

....Here I am, here I am....

How are you this morning? Very well thank you.

Run away, run away....

칠판 앞에 서서 양팔을 저어가며 지휘하는 백선생. 노래를 따라 부르는
미소 띤 얼굴에서 페이드아웃.

90. 백선생 집 (밤 - 아침)

검소하게 꾸며진 실내. 침울한 얼굴로 밥 먹는 백선생, TV 저녁뉴스에
시선 고정. 텔레비전 위에 놓인 미니어처 요트. 맞은편에서 조용히 식
사하는 박이정. 페이드아웃.

잠시 후 -
굳은 얼굴로 밥 먹는 백선생, TV 아침뉴스에 시선 고정. 천천히 일어선
다. 이정을 일으켜 세우더니 엎어뜨린다. 치마를 걷어 올리고 자기 바
지를 내린다. 음식을 씹으면서 삽입하는 백선생. 흔들리는 식탁 모서리

를 꽉 붙잡고 몸을 맡긴 이정, 떨어지려는 숟가락을 붙잡는다. 이정 얼굴에 자막 - 박이정, 1998년-1999년 복역.

이정

(몸이 자꾸 흔들려, 떨리는 소리로)
....여보....여보....이따 친구하고....약속이 있는데....
저녁은 차려놓구 갈게요....괜찮죠?

백선생

(떨리는 소리로)
....밥....니가 사면 안 된다....

이정

네....

억눌린 듯 나직한 신음 소리를 내는 백선생, 바지를 올리더니 다시 앉아 밥을 먹기 시작한다. 올라간 치마를 탁 내리는 이정, 매무새를 가다듬고 자리에 앉아 식사를 재개한다. 페이드아웃.

91. 교도소 거실 (낮 - 아침)

박이정의 귀에 얼굴을 바짝 갖다 댄 마녀.

마녀

야, 바꽃뱀....이, 남자 피 빨아먹고 사는 년아....
너 같은 년한테 딱 맞는 일이 있거든?

잠시 후 -
밤. 다들 자는데 마녀 곁에 홀로 앉은 박이정. 잠을 못 자 시뻘건 눈으로 마녀에게 부채질해준다. 앵- 모기 소리가 나면 재빨리 손을 휘둘러 잡는다. 꾸벅꾸벅 존다. 또 다른 쪽에서 나는 소리에 번쩍 깬다. 모기가 벽에 앉자 조심조심 다가가 탁 쳐서 잡는다. 흐뭇해하는 사이, 다른 모기가 와서 마녀의 발바닥을 문다.

잠시 후 -
아침. 박이정의 뺨을 갈기는 마녀.

마녀
(연신 때려가며)
내가 뭐라 그랬어, 내가 뭐라 그랬어, 내가 뭐라 그랬어!
발바닥이 얼마나 가려운 덴 줄 알아!
(발로 찬다. 짓밟으며)
발바닥 긁으면 간지럽잖아....
안 긁으면 가렵구, 긁으면 간지럽구....
안 그래, 이 망할 년아!
나보구 어쩌란 말이야, 이 꽃뱀년아!
안 긁으면 가렵구, 긁으면 간지럽구....응? 응?

칸막이 너머 변기에 앉아 지켜보던 금자, 고개 돌려 자기 앞을 내려다보고 생각에 잠긴다.

92. 복도 (낮)

교도관과 나란히 식판 들고 걷는 금자, 주머니에서 작은 플라스틱 약병을 꺼낸다. 몰래 국에, 무색의 액체를 뿌린다.

93. 의무실 (저녁)

초췌한 얼굴로 침대에 누운 마녀. 옆에 걸터앉아 식판에 담긴 밥을 먹여주는 이금자.

마녀

내가 원래 위가 튼튼했거든?

요즘 왜 이러는지 모르겠다.

(길고 지저분한 트림을 한다.

코앞에 있는 금자를 의식해 살짝 입을 가리며)

미안....독하지?

금자

(기쁜 듯이 웃으며)

괜찮아요, 언니....

저 좋아서 하는 일인데요, 뭐....

아무렇지도 않게 밥을 국에 말아, 떠먹인다.

마녀

(빤히 바라보다가)

....고맙다, 금자야. 넌 정말 친절한 아이....

(말을 못 맺고 갑자기 헛구역질을 한다. 눈물을 글썽이며 손을 붙잡고)

내가 혹시 잘못한 게 있으면 이해해주렴, 응?

....너는 다 이해하지, 응?

(그윽한 눈길로 조용히 고개를 끄덕이는 금자.

억지로 구역질을 참는 마녀. 뺨을 타고 흐르는 한 줄기 눈물)

내가 포동포동한 애들만 좋아하는 거, 다 이해하지?

금자

(붙잡힌 손을 빼내고 억지로 밥을 떠먹이며)

저두 어서 밥 많이 먹구 꼭 포동포동해질게요,

그러니까 언니두 밥 많이 먹구....

(플라스틱 약병을 꺼내 숟가락에 찍찍 뿌린 다음 입에 집어넣으며)

....약두 많이 먹구....

(밥을 넘기는 마녀, 갑자기 속엣것들을 다 올려내며 앞으로 고꾸라진다.
금자, 싸늘하게 내려다보며 나직이)

....빨리 죽어.

94. 운동장 (낮)

멀리서 보기에는 평온하지만 가까이 가면 두셋씩 짝지어 속삭이는 죄수
들의 긴장한 모습.

죄수4

락스를 먹였다고?

죄수5

얼마 동안이나?

죄수6

(흐뭇한 표정으로 손가락 3개를 들어 보이며)

삼 년.

죄수7

(감탄하며)

뱃속이 깨끗해졌겠구나!

죄수8

(가슴에 손을 대고)

아 – 친절한 금자씨!

이정

(소리)

그 후로 이금자는 '마녀'라는 별명을 물려받았지만,

여전히 '친절한 금자씨'로 불리기도 했다.
누구나 친절한 금자씨를 도와주고 싶어 했고
누구도 마녀 이금자의 부탁을 거절하지 못했다.

95. 「나루세」(낮)

마주 앉은 박이정과 금자. 멀리, 제니와 노는 근식 보인다. 진열장의 케이크를 가리키며 연신 "케, 이, 크." 한다.

이정

오늘 밤이야, 더 이상은 못해....
아무리 니 일이라도.

탁자에 열쇠를 내려놓는 이정. 창밖 멀리, 전봇대 뒤에 숨어서 디지털카메라로 금자 쪽을 몰래 찍는 전도사.

이정

(소리)

나보다 먼저 출감한 절도범 노수경이
백선생이 있는 학원을 알아냈다.

96. 거리 (낮)

버스 타고 가는 전도사, 카메라를 만지작거린다.

이정

(소리)

얼마 후, 명문대를 졸업한 김성은이
출소하자마자 그 학원에 취직했다.
성은은 내게 백선생이 차를 바꾸려고 한다는 사실을 알려줬다.

97. 영어학원 앞 (낮)

학원 건물로 올라가는 전도사.

이정

(소리)

백선생은, 아름다운 자동차 딜러
박이정의 방문을 받았다.
그는 차를 샀을 뿐만 아니라
일 년 후에는 나와 결혼했다.

98. 영어학원 (낮)

금자가 빵집에서 일하는 모습, 귀가하는 모습, 근식과 함께 있는 모습 등의 사진들이 붙은 앨범 페이지를 넘기는 백선생. 마주 앉은 전도사. 프린터에서 새 사진이 인쇄되어 나온다. 이금자와 박이정이 함께 찍힌 모습을 보자 얼굴이 일그러지는 백선생, 바닥에 쪼그리고 앉아 심호흡을 다섯 번 하더니 다시 소파에 앉아 전도사를 바라본다. 안타까워하는 표정이다. 전도사, 고개를 푹 숙인다. 백선생이 지갑에서 수표 몇 장을 꺼내 건네자 냉큼 받아 넣는다.

전도사

주님의 사업에 유용하게 쓰겠습니다.

99. 거리 (저녁)

이정, 휴대전화를 귀에 대고 천천히 걷는다. 신호음이 울린다.

이정

(소리)

오늘만 손꼽아 기다려왔다.

그 노랭이만 죽으면 난 제일 먼저
구찌 매장으로 달려갈 예정이다.

백선생

(송수화기 드는 소리에 이어)

여보세요.

이정, 우뚝 선다.

이정

(당황한 기색을 감추며)

여보....저녁은 드셨어요?

100. 백선생 집 (저녁)

백선생

당신 오면 먹지.

이정

(소리)

먼저 드시지 않구요.

백선생 맞은편에 험상궂은 두 남자가 나란히 앉아, 전도사가 찍어온 사진을 들여다보는 중이다. 두 여자 중 금자의 얼굴에 빨간 사인펜으로 동그라미를 쳐놓았다. 또 다른 사진, 제니 얼굴에도 빨간 동그라미. 식탁엔 저녁상이 차려진 듯 예쁘게 상보가 덮였다.

백선생

기다릴 테니까 어서 와요.

101. 거리 (저녁)

당황한 박이정, 뛰기 시작하며 다른 곳으로 전화한다.

이정

이 인간이 아직 밥을 안 먹었대거든,
내가 가서 빨리 멕일 테니까....

뛰어가는 이정의 뒷모습에서 페이드아웃.

이정
(소리)
이런 남편을 여섯 달이나 산 채로 데리고 산다는 건
정말 참기 힘든 일이었다.

102. 골목 (밤)

띄엄띄엄 가로등이 줄지어선 골목 , 눈이 내린다. 검게 선팅 된 밴이 들어와 선다. 백선생 집에서 보았던 두 사내가 내려 차 옆에 선다. 심드렁한 얼굴들이다. 전조등이 꺼진다.

103. 「나루세」(밤)

근식이 손을 흔들어 금자 모녀를 배웅한다.

104. 백선생 집 (밤)

TV 뉴스를 보면서 혼자 밥 먹는 백선생.

105. 골목 (밤)

작업복 사내들, 가로등에 달린 뚜껑을 열고 퓨즈를 자른다. 3개의 가로등이 차례로 꺼진다.

106. 거리 (밤)

말없이 걷는 금자 모녀. 제니 어깨에 팔을 두르는 금자, 기다렸다는 듯 몸을 밀착시키는 제니.

107. 골목 (밤)

가로등 꺼져 어두운, 골목 끝. 차안의 사내1, 탈지면에 봉투에 클로로포름을 붓는다. 베토벤을 크게 틀어놓고 묵묵히 앉은 사내들. 멀리 골목 입구에 들어서는 금자 모녀, 컴컴한 반대편을 보고 멈춰 선다. 잠깐 고개를 갸우뚱했다가 이내 다시 걷는 금자. 모녀의 뒷모습, 어둠 속으로 사라진다. 멀리 차 문들 열리는 소리와 함께 들려오는 베토벤.

108. 백선생 집 (밤)

백선생, 밥 먹는다. 피투성이가 된 채 맞은편 의자에 포박된, 박이정을 흘낏 보고 계속 먹는 백선생.

109. 골목 (밤)

사내1이 금자를 뒤에서 끌어안고 있다. 탈지면이 입을 덮었다.

여자 성우

(소리)

금자는 순간, 호흡을 멈추고 악착같이 참았다.

(금자를 밀어 자동차 뒷자리에 태우려 드는 사내1. 차 문짝에 발을 대고

완강히 버티던 금자, 결국 마취된 듯 축 늘어진다. 탈지면을 금자 얼굴에서 떼는 사내1. 기다렸다는 듯 갑자기 덤벼드는 금자, 팔뚝을 물고 늘어진다. 비명 지르는 사내1, 주목으로 금자의 배를 강타한다. 쓰러지며 차에 기대는 금자. 사내1, 손바닥으로 따귀를 쉬지 않고 다섯 번쯤 갈긴다. 주먹으로 배를 또 때린다, 미친 듯이 때린다. 금자, 바닥에 엎드려 신음한다. 허리를 펴고 숨을 돌리는 사내1, 동료를 돌아본다. 벌써 축 늘어진 제니를 뒤에서 안고 선 사내2. 사내 1, 다시 고개를 돌리는 순간 벌떡 일어나 마주 서는 금자. 권총이 머리에 와 닿는다. 사내의 심장 뛰는 소리, 이마에 흐르는 땀. 요란한 총성과 함께 머리가 날아간다. 제니를 안은 채 뒷걸음질 치는 사내2, 잭나이프를 꺼내 제니 목에 댄다. 비틀비틀 다가가는 금자. 사내2, 제니를 안고 뛰기 시작한다. 금자, 따라 뛴다. 갑자기 멈추는 사내, 돌아서더니 제니의 목을 겨누며 칼을 치켜든다. 금자, 멈춰 서지 않는다. 덤벼들어, 사내의 손목에 총구를 바짝 붙이는 금자)

**다급한 상황에서도 금자는 자기 총의 유효사거리를
결코 잊지 않았다.**

총성이 울리더니, 칼을 든 채 절단된 오른손이 바닥에 툭 떨어진다.

110. 백선생 집 (밤)

백선생, 식탁에 엎어진다. 피투성이 얼굴로 미소 짓는 박이정.

111. 아파트 앞 (밤)

택시에서 내리는 이금자, 얼굴이 말이 아니다. 마취된 제니를 업고 뚜벅뚜벅 걸어 들어간다.

112. 백선생 집 (밤)

이정이 준 열쇠로 현관문을 열고 들어오는 금자, 엎드려 자는 백선생과 묶인 박이정을 발견한다. 힘없이 미소 짓는 이정. 백선생에게 다가가는 금자, 찌개 냄비에서 국자를 집어 들고 머리를 민다. 의자에서 굴러 떨어지는 백선생, 큰대자로 누워 잔다. 옆에 쪼그리고 앉아 얼굴을 내려다보던 금자, 손을 뻗어 백선생의 관자놀이에 붙은 무 조각을 뗀다. 헝클어진 머리칼을 쓸어 올려준다. 방에서 가위를 가지고 나와 백선생 머리칼을 마구 뜯어내듯 자른다. 미친 여자 같은 행동을 지켜보며 한숨 쉬는 이정.

잠시 후 -
소파에 누운 제니. 이제 풀려난 이정, 금자를 도와 백선생의 손과 발을 꽁꽁 묶는다.

여자 성우

(소리)

아무리 십삼 년 동안 계획하고 준비했다지만
금자는 일이 지나칠 정도로 잘 풀린다고 생각해왔다.
무언가 결정적인 순간에 틀어질지도 모른다는 불안이
자주 금자를 사로잡았다.

제니의 옷 주머니에서 삐죽 나온 편지 봉투를 발견하는 금자, 잠깐 훑어보더니 이정을 돌아본다.

금자

영한사전 어딨니?

잠시 후 -
책상 앞에 앉은 금자, 사전을 펼쳐놓고 편지를 읽는다. 화면 양분된다. 한쪽에 편지 클로즈업, 다른 쪽에는 사전을 뒤지는 금자의 손과 사전의

글씨들. 'forgive ....를 용서하다'. 'dump ....를 내버리다', 'avenge ....에게 복수하다', 'explanation ....설명' 등의 내용이 보인다. 한국어로 편지를 읽는 제니의 목소리 들린다.

제니

(소리)

내가 당신을 용서한다고 생각하지 마,

난 아이를 버리는 엄마들은

모두 감옥에 가야 한다고 생각해.

어렸을 땐 당신을 찾아가 복수하는 상상을 하곤 했어.

하지만 당신을 죽이는 장면은 상상할 수 없었는데

그건 당신 얼굴을 모르기 때문이었어.

기왕 이렇게 됐으니까 복수까진 몰라도

적어도 납득할 만한 설명은 해줘.

미안하다고 한 번 말하는 걸로는 부족해,

적어도 세 번 이상은 미안하다고 해.

관대하지 않은 당신의 딸, 제니.

113. 국도 (밤)

박이정이 운전하는 승용차. 뒷좌석에 잠든 제니와 백선생, 무감정한 눈으로 길을 응시하는 이금자.

금자

....좌회전.

114. 운동장 (새벽)

히터 틀어 놓고 차에서 자는 박이정과 제니.

115. 미술실 (새벽)

재갈을 문 채 의자에 묶인 백선생. 구석 책상 위에 가부좌를 튼 금자, 등을 꼿꼿이 펴고 두 손은 무릎에. 명상에 든 수행자 같아 보인다. 백선생이 꿈틀한다. 눈을 드는 금자, 양손을 깍지 끼고 손바닥이 하늘을 보게 팔을 머리 위로 쭉 뻗어 몸을 편다.

116. 복도 (새벽)

잠이 덜 깬 제니의 손을 잡고, 마루 복도를 쿵쾅쿵쾅 걸어가는 금자.

금자
(소리)
너 가졌을 때가 생각 나, 제니.

117. 미술실 (새벽)

검은 커튼이 쳐져 어두운 실내. 재갈이 풀린 백선생, 뒤통수에 총을 겨누고 앉은 금자. 맞은편 바닥에 우유 상자를 놓고 앉은 제니, 무릎에 팔꿈치를 괴고 손으로 턱을 받쳤다. 금자 하는 말을 동시통역하는 백선생.

금자
배가 불러오니까 지갑이 불룩해진 것처럼
기분이 좋았는데....하지만 니가 돌도 되기 전에
엄만 감옥에 가야 했기 때문에 널 포기할 수밖에 없었어.
너는 아무한테나 웃어주는 헤픈 아이라서....
(턱이 스르르 미끄러지면서 손이 볼을 밀어,
눈꼬리가 위로 치켜 올라가는 제니)
....어느 집에 가든지 모두 너를 사랑할 수밖에 없단 걸
엄만 알고 있었어.
....이제 이 사람하고 볼일이 끝나면

널 다시 호주로 보내려구 해.
엄마의 죄는 너무 크구 너무 깊어서
너처럼 사랑스러운 딸을 가질 자격이 없거든.
넌 아무 죄두 없는데, 니가 엄마 없이 자라게 해서....
(말을 잇지 못하고 잠시 숨을 돌렸다가)
....근데 그것까지두 내가 받아야 될 벌이야.
(또박또박 말하려고 노력하며)
잘 들어둬. 사람은 누구나 실수를 해.
하지만 죄를 지었으면 속죄를 해야 되는 거야.
'속죄' 알아?
(통역하는 소리를 귀담아 듣고)
어토운먼트. 그래, 어토운먼트를 하는 거야.
큰 죄를 지었으면 크게, 작은 죄를 지었으면 작게. 알았지?
....엄마가, 영어 공부 열심히 해서 편지를 쓸게.
테이프도 듣고 학원도 다니고....가끔 너 보러....

말을 맺지 못한다. 잠시 침묵이 흐른다.

제니

What are you gonna do about him?
....이 아저씨를 어떻게 하려고 하는 거야?
(대답 못하는 엄마에게)
Kill him?
죽일 생각이야?
Why?
....왜?

금자

(머뭇거리며)
날 죄인으로 만들었으니까....

제니

What kind of bad things did you do?

<u>....엄마가 무슨 죄를 지었는데?</u>

금자

이 사람이 어떤 아이를 죽였는데....엄마가 도와줬어.

제니

('저런-' 하는, 걱정스러운 눈빛으로)

Do you....want me go say sorry to his mother?

<u>....내가 걔네 엄마한테 미안하다고 얘기해줄까?</u>

(픽 웃음을 터뜨리는 금자, 울면서 웃는다.

일어나 다가오는 제니, 엄마를 안아준다.

이를 악물고 총을 꼭 쥔 채 내려놓지 않는 금자)

Do you like me?

Do you wish I'm another girl?

<u>....엄마는 내가 마음에 안 들지?</u>

<u>내가 다른 아이였으면 좋겠어?</u>

금자

그건 아닌데....몇 가지는 좀 고쳤으면 좋겠어.

넌 어른을 좀 무시하는 경향이 있고....또....

글씨를 좀 예쁘게 쓰길 바라.

제니

Weren't you happy with me?

<u>그래도 나랑 있어서 행복하지 않았어?</u>

금자

(끄덕끄덕)

행복했어, 죄지은 사람이 그래선 안 될 만큼.

(총을 내리고 제니를 안으며)

....제니....아임 쏘리, 아임 쏘리, 아임 쏘리....

....정말루 아임 쏘리....

엄마를 안은 제니의 손, 미안하다고 말하는 횟수를 손가락으로 하나씩 꼽고 있다.

118. 운동장 (아침)

제니를 태운 박이정의 차가 출발한다. 금자, 몸을 돌려 교사를 향해 걷기 시작한다.

119. 미술실 (아침)

백선생의 오른눈에 총을 대고 내려다보는 금자. 재갈이 물린 채 왼눈만 부릅뜨고 올려다보는 백선생. 금자, 입술을 깨물고 공이치기를 뒤로 당긴다.

금자

안녕히 가세요.

눈을 감는 백선생. 시뻘겋게 충혈되도록 백선생을 쏘아보던 금자, 힘없이 총 든 손을 내리고 외면한다. 눈을 뜨고 안도하는 백선생, 금자가 다시 이를 악물고 총을 들이대자 움찔한다. 금자, 또 한참 보다가 총을 내리고 심호흡하더니 다시 올리고, 세 번 반복한다. 가만히 겨누고 선 금자. 백선생, 애절한 눈빛으로 금자를 올려다본다. 결국 코트 주머니에 총을 쑤셔 넣는 금자, 돌아서서 고개를 푹 숙인다. 백선생 휴대전화에서 들리는 어린아이의 음성. "선생님, 일어나세요. 출근해야죠....선생님, 일어나세요." 녹음된 아이 음성이 그치지 않자 돌아서는 금자, 신경질

적으로 와이셔츠 주머니를 뒤져 전화기를 찾아낸다. 전원을 끄려다 멈추더니 뚜껑을 덮는다. 커튼 틈 사이로 들어오는 빛 쪽에 대고 휴대전화 줄에 꿰인 단추, 머리끈, 플라스틱 포켓몬, 반지, 구슬을 유심히 살피는 금자. 커다란 주황색 유리구슬을 빛에 비춰본다. 경악한 얼굴로 백선생을 돌아본다. 눈이 마주친다. 얼어붙은 두 사람, 짧은 침묵. 갑자기 권총을 꺼내들어 달려드는 금자, 권총 손잡이로 머리를 후려친다. 의자에 묶인 채 옆으로 쓰러지는 백선생. 금자, 우왕좌왕 막 걷는다, 안절부절못한다. 쓰러진 백선생에게 발길질하는 금자. 두꺼운 커튼 자락을 확 잡아챈다. 두두둑 뜯겨나가는 커튼, 백선생을 덮는다. 찬란한 햇빛이 쏟아져 들어오면서 뭉게뭉게 먼지를 비춘다. 무너지듯 주저앉아 천천히 다섯 번 심호흡하는 금자, 겨우 진정하고 일어난다. 커튼을 젖힌 다음 의자를 일으켜 세운다. 울음을 삼키고 재갈을 풀어주는 금자, 휴대전화 줄을 백선생 눈앞에 내밀고 대답을 기다린다.

백선생

(입안에 고인 피를 뱉더니)

....금자야, 눈화장이 그게 뭐냐....

금자의 손, 백선생의 코를 꽉 쥔다. 한참 고요하다. 결국 숨 쉬기 위해 입을 벌리는 백선생, 재빨리 도로 재갈을 물리는 금자, 무릎 꿇고 앉는다. 백선생 구두코를 손가락으로 꾹꾹 눌러 엄지발가락 위치를 확인한다. 오른쪽 구두코에 조심스럽게 권총을 가져다 대고 한 발 쏜다. 고통에 몸부림치는 백선생을 흘낏 올려다보는 금자, 왼발에도 쏜다.

120. 복도 (아침)

미술실 문을 열고 나오는 금자, 벽에 기대선다. 휴대전화를 귀에 대고 기다린다. 두 번 헛기침해 목을 고른다.

금자

차 돌려.

121. 국도 (아침)

운전히는 이정, 힐끔거리며 눈치를 살핀다. 조수석에 앉은 금자, 입술을 깨물고 생각에 잠겼다.

금자

(혼잣말)

어쩐지....너무 잘 풀린다 했어....

122. 경찰서 앞 (낮)

약속이 있는 듯 시계를 보며 외출하는 최반장.

123. 커피숍 (낮)

창밖 가로수 앙상한 가지들이 바람에 흔들린다. 금자 손에 들린 휴대전화 줄이 허공에 대롱대롱. 꼼짝도 않고 줄에 달린 물건들만 쏘아보는 최반장. 맞은편에 앉아 지켜보는 금자.

금자

(고개를 숙이고 괴로워하는 음성으로)

그때 진범을 밝혔으면 안 죽었을 애들이에요....

그렇잖아요?

(고개 들어 뚫어지게 바라보며)

이런 맘 아시잖아요....네 명이에요.

최반장, 생각에 잠긴다.

124. 백선생 집 (낮)

이정과 함께 서재를 뒤지던 금자, 휴대전화가 울리자 받는다.

금자

오늘은 못 나간다 그랬잖아요.

장씨

(소리)

그게 아니라....누가 찾아왔어.

금자

누가요?

장씨

(소리)

그게, 글쎄....

통화하면서 책상을 뒤지던 금자, 서랍을 길게 빼고 그 아래 눕는다. 올려다보면, 서랍 밑판에 스카치테이프로 붙여놓은 구식 8mm 비디오카세트들이 빽빽하다.

금자

누구라고 말 안 해요?

125. 「나루세」(낮)

장씨 고개 돌리면, 케이크를 먹으며 이쪽을 흘끔흘끔 살피는 제니의 양부모. 캥거루와 코알라가 그려진 동물원 티셔츠에 헐렁한 니트 카디건을 입은, 여전히 루저 꼴. 여행용 트렁크 두 개.

장씨

(답답한 얼굴로)

뭔 말이 통해야지....

(수화기를 막고 양부모에게)

あの...日本語できますか。

아노....니혼고데끼마스까?

저....일본말은 안 되세요?

126. 백선생 집 (낮)

구식 8mm 캠코더와 연결된 모니터. 캠코더에 카세트를 넣는 이정. 최반장과 나란히 소파에 앉은 금자, 리모트 컨트롤러를 누른다. 영상이 시작되고, 잠시 후 모니터 하단에 볼륨 표시줄이 나타난다. 0을 향해 줄어든다. 이정, 최반장 옆에 앉는다. 아예 처음부터 옆으로 몸을 돌려 앉은 이정, 한눈을 판다. 금자, 고개 숙이고 바닥만 본다. 혼자 화면을 응시하는 최반장. 이정, 눈길은 다른 방향으로 고정한 채 손만 뻗어 탁자 위 담배와 라이터를 집어간다. 이정이 담배 피우는 동안 조용히 일어서서 나가는 최반장. 토하는 소리가 들린다. 여전히 모니터를 외면하고 앉은 두 여자.

127. 금자 아파트 (저녁)

침대 모서리에 앉아 캠코더를 눈높이로 들고 들여다보는 제니, 고양이 노는 모양이 재생되고 있다. 고양이가 그리워 우는 제니. 꺼져가는 촛불을 새 양초로 옮겨 붙이는 양엄마. 멀리 옷장 앞에는, TV에서 눈을 떼지 않은 채 손만 놀려 제니의 짐을 싸는 양아빠.

128. 운동장 (저녁)

넉 대의 고급 승용차, 한 대의 SUV가 나란히 주차된 가운데, 경차 한 대가 들어온다. 멀리, 불 켜진 교실 하나.

129. 교실 (저녁)

초등학생용 걸상에 조용히 앉은 남녀노소 9명 유족들의 면면. 드르륵,
문 열리는 소리에 일제히 돌아본다.

130. 복도 (저녁)

마룻바닥에 놓인 포터블 발전기.

동화

(소리)

엄마....엄마....

131. 교실 (저녁)

동화 엄마의 일그러진 얼굴. 동화 아빠는 손으로 눈을 가리고 엎드린다.

동화 엄마

(절규)

....동화야!

모두 교탁 위에 놓인 TV 모니터를 주시한다. 교탁 옆에는 스탠드에 꽂힌
마이크, 앰프.

동화

(소리)

저 좀 데리러 와주세요, 엄마....무서워요....

모니터 화면 - 겁에 질린 얼굴로 의자에 앉은 동화, 단추 달린 옷을 입었다. 동화에게 다가가는 백선생의 젊은 모습. 흘깃 카메라를 돌아보는 얼굴에서 프리즈 프레임. 사람들 시선을 돌리면, 리모트 컨트롤러를 든 금자.

금자
(침착하게)
힘드시더라도 이 얼굴을 잘 봐주시기 바랍니다.

잠시 후 -
새 비디오카세트를 끼우는 금자.

금자
....다음은 구십오 년에 살해된 세현입니다.

세현이 얼굴이 재생된다. 세현 아빠, 손등으로 눈두덩을 연신 눌러댄다. 독하게 화면을 응시하는 누나. 뒤에서 부루스타에 물을 끓이는 최반장.

세현
(소리)
....아빠, 쌈 안 하고 공부 열심히 할 테니까
돈을 꼭 보내주세요....

세현이의 음성이 계속 들리는 가운데, 지켜보는 사람들. 금자, 리모트 컨트롤러를 누르자 소리 꺼진다. 모니터 위에 놓인 캠코더에 카세트를 바꿔 끼운 뒤 돌아서는 금자.

금자
....구십육 년, 은줍니다.

은주

(소리. 엉엉 울며)

....답답해....풀어주세요....깜깜해요....

숨 막혀 죽겠어요....

모니터 화면 - 실내 전경. 의자에 올라선 은주, 머리에 비닐봉지를 뒤집어썼다. 멀찍이 떨어진 데 앉아, 줄을 잡아당기는 백선생. 은주 발밑에 의자가 쑥 빠진다. 칭얼대던 소리도 뚝 끊긴다. 경악하는 사람들. 담담하게 보던 은주 할머니, 단말마의 비명을 지르며 쓰러진다. 은주 할머니를 앉히는 사람들. 금자, 카세트를 바꿔 끼운다.

금자

....이천 년, 유재경.

재경 아빠, 포켓용 술병을 홀짝인다. 재경이 울음소리가 이어지다가 재생이 끝난다. 걸상을 들어 책상을 거듭 내리치는 재경 아빠. 말리던 유족들, 결국 한 덩어리로 엉켜 운다.

잠시 후 -
모두 금자 하는 말을 경청한다.

금자

(최대한 담담하게)

백한상은 강남의 영어학원 교사였습니다.

거기서 희생자를 고르고,

사건을 저지른 다음 다른 학원으로 옮겨 갔죠.

언제나 자기 반 아이들은 피했기 때문에

한 번도 경찰의 용의선상에 오른 적이 없습니다.

아이들을 몹시 귀찮아했던 백한상은,

유괴하자마자 비디오로 찍어놓고 곧바로 죽이곤 했습니다.

범인과 협상하는 동안 여러분이 전화로 들으셨던 아이들 음성은
이미 죽은 다음에 비디오에서 복사한 것입니다.
....선택할 수 있는 길이 두 가지 있습니다.
법적인 처벌을 원하시면 저기 계시는 최반장님께 인도할 거구요....
(쟁반에 녹차와 커피를 받쳐 들고 유족 사이를 돌아다니는 최반장.
"커피하고 녹차 있는데요....")
좀 더 신속하고 개인적인 처형을 원하신다면
바로 여기서 당장, 가능합니다.

재경 엄마

(기어들어가는 소리로)
....그 놈한테두 자식이 있나요?

금자

임신 시킬 능력이 없는 것으로 알고 있습니다.

재경 아빠

그럼 도대체 그 돈을 다 갖다 뭐했대요?

금자

저축을 했습니다.
물론 그 돈은 여러분께 돌려드릴 겁니....

동화 엄마

(말을 끊으며)
새끼도 없는 놈이 머어쎄다 돈을 쓸라고 그런 짓을 저질렀단 말이고오!

금자

(망설이다가)
....요트를.... 사려고 했답니다.

탄식하는 사람들. 무겁게 가라앉은 공기. 페이드아웃.

132. 운동장 (밤)

멀리 보이는 교사.

133. 교실 (밤)

동화 엄마가 일어선다. 모두 고개를 돌려 쳐다본다.

동화 엄마

어짜피 경찰은 머....곤봉만 들었지,

그 노무 범인도 몬 때리잡았다 아입니꺼.

경찰에 넘기바봤자 재판도 끝-도 엄써 할끼고,

마마 그 기자새끼들 하미 온갖 노무 인간들 하미....

그 노무 호기심에....아따라마 -

재경 아빠

(술 한 모금 마시고 고개를 주억거리며)

아 - 끔찍하다, 끔찍해....

재경 엄마

(조심스럽게)

재판해봐야 어차피 사형일 텐데,

그 재판하고 사형집행두 다 비용 드는 일이고,

세상에 돈 안 드는 일 없잖아요,

다 국민의 혈세 아니겠어요? 그러니까....

원모 아빠

(말을 끊으며)

금자씨한테 맡기는 게 어떨까요?
감옥도 갔다 왔으니까 상대적으로 쉬울 것 같은데....

세현 누나

비겁해요! 우리 아이들이잖아요.

원모 아빠

그럼 하고 싶은 사람은 하고, 안 하고 싶은 사람은 안 하고
자율적인 방향으로....

세현 누나

아예 그 새끼한테 여기서 죽을래, 재판 받을래, 물어보죠?
자율적으로?

동화 아빠

(원모 아빠에게)
쪼매 전에는 경찰에 넘기뿌자카디이만
고담새는 금자씨한테 맺기자하더니만....
인제는 마마 혼자 빠지겠다꼬? 도대체 우짜자는 깁니꺼?

잠시 후 -
원모 부모를 뺀 나머지 사람들, 한 팔을 올리고 있다.

금자

원모네두 다수결에 따라주셔야 합니다, 아시죠?

원모 아빠

(아내를 가리키며)
이 사람은 심장이 약해서....

재경 엄마
(답답하다는 듯)
나도 약해요, 심장....

금자
그럼 원모 아빠만 하세요, 한 집에서 한 분만 참여하시면 되겠죠.
(좌중을 향해)
괜찮으시죠?

세현 누나
(냉소적으로)
나중에 원모 엄마가 우리 다 고발하면 어떡해요?

은주 할머니
자기 남편이 껴 있는데 어떻게 그러겠어....

재경 아빠
이혼할 수두 있잖아?

원모 아빠
증거를 남기면 되잖아요, 우리 다 사진을 찍어둡시다.
아무리 나중에 양심의 가책을 느낀다구 해두
사진이 있으면....

동화 아빠
(발끈해서 말을 끊으며)
양심의 가책? 저런 새끼 죽이는데 무신 놈의 양심의 가책?
뿌잡아놓고 안 죽이마 그기 바로 양심의 가책이라카는 기라.

금자

제가 한 말씀드릴게요.

저는 교도소에서도 살인을 한 사람입니다.

십삼 년 준비해서 백한상을 잡은 것도 저고요.

만약에 여러분 중에 누군가가 밀고를 한다면....

더 이상 말씀드리지 않겠습니다.

원모 부모님은 저하고 직접적인 관계가 있는 분들이고,

전 이분들을 잘 안다고 생각합니다. 저는 원모 부모님을 믿습니다.

여러분도 저를 믿으시고 이 문제는 여기서 정리했으면 합니다.

(조용히 둘러본다. 아무도 반발하지 않자)

....그럼 다음 단계로 넘어가겠습니다....

한 사람씩 들어가고 다른 사람은 기다리는 걸루 할까요,

아니면 한꺼번에 들어가는 걸루 할까요?

동화 엄마

머슬 하나씩 해, 짜드르 한꺼번에 해뿌리지.

세현 누나

이렇게 사적인 일을 딴 집하고 같이 할 이유가 없어요....

아빠, 안 그래?

대답 없이 얼굴만 쓰다듬는 세현 아빠.

재경 엄마

(옆에 앉은 재경 아빠를 곁눈질하며)

혼자 들어가면 무섭지 않을까요? 위험할 수두 있구....

은주 할머니

그 정돈 각오해야지.

재경 아빠

(약간 취해서)

각자 하구 싶은 대루 합시다, 까짓 거!

뭐 꼭 통일할 필요 있나? 갈비탕집 온 것두 아니구.

(일제히 쏘아보는 사람들. 재경 엄마, 눈물 글썽글썽한 눈으로

오래 노려본다. 잠깐 위축되는 듯해 보이던 재경 아빠,

이내 다시 기세등등해져서 전처에게)

뭐어-, 이혼한 마당에 꼭 부부 동반해야 되나?

어차피 인제 남남 아냐? 씨발....

사람들 시선을 의식하고 고개 숙이는 재경 아빠. 원모 엄마가 손을 든
다.

원모 엄마

저기요....한꺼번에 하는 건....

너무 쉬운 것 같아요.

원모 아빠

(놀라 돌아보며)

여보....?

원모 엄마

(희미하게 미소 지으며)

나, 우황청심환 가져왔거든?

(남편 어깨에 손을 얹으며)

당신은 그때 금자씨 손가락도 못 만졌잖아....

다들 놀라 쳐다보는 가운데 카메라, 앰프에서 빠져나온 케이블을 따라
간다.

134. 옆 교실 (밤)

케이블을 따라 복도로, 옆 교실에 설치된 스피커로 움직여가는 카메라. 컴컴한 교실, 재갈 물고 의자에 묶인 백선생. 의자 아래에는 넓게 비닐을 깔아놓았다.

금자
(소리)
그럼, 원모 아버지는 안 하시고 원모 어머니 혼자 하시고
은주 할머니도 혼자 하시고
세현네 따로, 재경이네하고 동화넨 같이 하시고....
이렇게 하면 됐나요?

"예에...." 다들 동의하는 소리.

동화 아빠
(소리)
....가입시더, 고마!

부스럭부스럭, 퉁탕거리는 소리, 책걸상 끌리는 소리에 흠칫 놀라는 백선생.

금자
(소리)
잠깐만요, 잠깐만요....

책걸상 소리 딱 멈춘다. 안도의 한숨을 내쉬는 백선생.

135. 교실 (밤)

금자
들어가는 순서를 정해야 되지 않을까요?

눈만 끔뻑거리며 마주보는 사람들. 책상에는 각종 흉기들.

잠시 후 –
창 앞에 선 세현 아빠, 밖을 내다보며 담배 피운다. 길쭉하게 접은 쪽지들이 담긴 종이컵을 들고 다가가는 최반장. 세현 아빠, 하나 뽑아 펴 본다. 다가와 같이 들여다보는 세현 누나. 원모 엄마, 쪽지를 펼치면 숫자 "1"이 적혀 있다.

136. 복도 (밤)

부엌칼을 들고 부들부들 떨면서 우황청심환을 먹는 원모 엄마, 빈손의 원모 아빠, 무쇠 부엌칼을 든 재경 엄마와 군용대검을 든 재경 아빠, 회칼 든 동화 엄마, 장도리 든 동화 아빠, 쇠막대기를 든 세현 아빠, 긴 과도 든 세현 누나, 아무것도 안 든 은주 할머니 순서로 앉아 대기한다. 각자 제비뽑기한 종이 조각을 들었다. 교실에서 못질하는 소리가 계속 들려온다. 비닐 우비와 수술용 고무장갑을 전달받는 사람들. 전 남편이 무뚝뚝하게 내민 술병을 못 이기는 척하며 받아, 한 모금 맛보는 재경 엄마. 아예 들이붓듯이 콸콸 마셔버린다. 당황하는 재경 아빠, 머쓱해져서 세현 아빠에게 괜히 말을 건다.

재경 아빠
세현 아부진....그거 갖구 되겠어요?
(자기 칼을 보이며)
쓰구 드리까?

세현 아빠

(가방을 뒤적거리면서, 우물거리는 말투로 들릴 듯 말 듯)

....괜찮은데....

커다란 날을 꺼내는 세현 아빠, 나사식으로 쇠막대기와 연결해 도끼를 완성한다. 최반장이 장도리를 들고 교실에서 나온다.

최반장

....들어가시죠.

(하얗게 질리는 원모 엄마, 입술이 떨린다.

남편이 걱정스러운 얼굴로 팔을 꽉 붙든다.

손을 힘들게 떼어내고 일어서는 원모 엄마,

차마 못 가는 발걸음을 옮기며 교실 문을 열려다 돌아본다.

슬쩍 외면하는 남편. 최반장, 원모 엄마의 칼을 빼앗아 들고)

다들 보세요.

(칼날을 아래로 향하게 눕혀 잡은 모양을 보여주며)

이렇게 하면, 찌를 때 날 끝이

위로 미끄러지면서 잘 안 들어갑니다.

(찌르면서 칼이 손에서 미끄러지는 모양을 보여주며)

그럼 손이 미끄러져서 다치는 수도 있구요.

(칼날이 위로 가게 쥔 모양을 보여주며)

그러니까 항상 이렇게 잡아주세요.

(칼끝이 아래로 가게 세워 잡고)

아니면, 아예 이렇게....

(허공에 휘둘러 보이며)

....찍으시든지.

137. 옆 교실 (밤)

컴컴한 실내, 바닥에 놓인 갓 달린 막대 형광등. 백선생 곁에 선 금자. 의자 다리에 긴 각목을 두 줄로 대고 못을 박아 마룻바닥에 고정시켜 놓았다. 그 아래 비닐. 손으로 자기 심장을 누르고 백선생을 내려다보는 원모 엄마, 우비를 입었다. 마주 노려보는 백선생. 갑자기 원모 엄마가 백선생 재갈을 풀어주자 놀라는 금자.

원모 엄마

(목이 갈라져 겨우 들릴 듯 말 듯한 소리로)

....왜....왜 그런 짓을 했어요?

이렇게 멀쩡하게 생긴 사람이....

왜....도대체....

백선생

....세상에 완벽한 사람은 없습니다, 사모님.

138. 복도 (밤)

억눌린 듯 낮은 비명이 울린다. 탄식하거나, 외면하거나, 숨을 들이쉬거나, 눈을 감으며 조용하게 반응하는 사람들. 은주 할머니만 빼고 모두 우비를 입었다. 원모 엄마 나오자, 일제히 쳐다본다. 홀가분한 얼굴의 원모 엄마. 고무장갑을 낀 최반장, 피 묻은 칼을 받아든다. 두 손을 맞잡고 고개를 숙인 남편에게 다가가는 원모 엄마, 어깨에 손을 얹는다. 원모 아빠, 아내에게 안겨 억제된 울음을 터뜨린다. 서로 손을 붙잡고 일어서는 동화네와 재경네, 들어간다.

139. 옆 교실 (밤)

백선생을 둘러싼 네 사람의 얼굴.

동화 아빠

(차분해지려 애쓰며 속삭이듯)

이칸다꼬 죽은 아가 살아 돌아오는 거는 아이잖아, 여보.....그자?

아내, 말없이 칼을 들더니 이를 악물고 한 발 나선다. 거의 동시에 나머지 셋도 덤벼든다. 비명이 잇달아 터진다. 백선생을 에워싸고 흉기를 휘두르는 네 사람의 뒷모습. 무표정하게 지켜보는 금자.

140. 복도 (밤)

비명 소리가 연달아 들리는 가운데, 세현 누나가 과장되게 크고 빠른 어조로 이야기를 시작한다.

세현 누나
....다들 짱짱한 집안이신 거 같은데요....
저거 보세요, 동화 엄마.... 세무 가죽에 피 튈까봐 부츠 벗구 하는 거....
이 상황에서 이해가 돼요? 저희는요, 그 놈에 영어학원두
엄마가 호텔 청소하면서 보낸 거거든요?
몸값 못 맞춰서, 온데 다 손 벌리구 다녔어요.
결국 은행에 집 넘어가고....친척들 사이에서도 왕따 되고....

은주 할머니
우리 며느리는 자살하고 아들은 이민 갔어.

말문을 닫은 세현누나. 네 사람 나온다. 벌떡 일어나는 세현 아빠, 누나도 뒤따라 일어선다. 세현 누나, 돌부처럼 꼼짝도 못하고 선 아빠를 끌고 들어간다. 세현네가 들어가는 동안, 최반장이 네 사람으로부터 무기를 받아 든다. 앞만 보고 꼿꼿이 앉은 은주 할머니.

141. 옆 교실 (밤)

딸에게 이끌려 들어오는 세현 아빠, 막상 백선생을 보더니 멈칫, 얼굴이

시뻘게진다. 괴성을 지르며 도끼를 치켜들고 덤벼든다.

세현 누나

(아빠를 붙잡으며)

아빠!

(도끼 든 팔을 꼭 붙들고)

....아빠....우리가 끝이 아니잖어,

은주 할머니두 계시니까....응? 응?

식식거리면서 핏발 선 눈으로 백선생을 노려보는 세현 아빠.

142. 복도 (밤)

백선생 비명 소리. 일을 끝낸 사람들은 앉아 있지 못하고 각자 이리저리 서성인다. 홀로 앉은 은주 할머니, 손수건을 꺼내 땀을 닦는다. 문이 열리면 기진맥진한 세현 아빠, 제 풀에 쓰러져 막 운다. 세현 아빠를 일으키는 사람들, 대걸레를 가져와 바닥의 피를 닦는 최반장. 어수선한 가운데 조용히 일어서는 은주 할머니.

143. 옆 교실 (밤)

백선생을 내려다보는 은주 할머니, 동정의 빛은 조금도 없이 냉정하다.

144. 복도 (밤)

조용히 자기 자리에 앉는 은주 할머니. 교실로 들어가는 최반장.

145. 옆 교실 (밤)

최반장, 조용히 다가가 백선생의 목덜미에 꽂힌 가위를 뽑아 들여다본다. 빨간 손잡이의 가위, '1-3 황은주'라고 적힌 스티커가 붙었다. 무릎에 힘이 빠지는 듯 주저앉는 금자, 심호흡한다.

잠시 후 -
의자와 백선생은 구석에 치워졌다. 세현 누나와 동화 부모, 재경 엄마가 비닐 네 귀를 들고 섰다. 재경 아빠가 아래로 양동이를 갖다 대자, 가운데 고인 피 웅덩이로 긴 칼을 찔러 넣는 금자. 비닐이 터지면서 양동이로 쏟아지는 피. 비닐을 든 넷, 넓은 담요를 개듯이 둘씩 다가서면서 착착 접는다. 재경 아빠는 양동이를 들고 나간다. 세현 아빠와 은주 할머니는 여기저기 찍힌 피 발자국을 대걸레로 싹싹 지운다. 최반장과 동화 아빠는 시신을 들것에 옮긴다.

잠시 후 -
최반장, 소형 자동카메라를 들고 앵글을 잡는다. 어두운 실내에 플래시가 터지면서 유족들 실루엣이 순간적으로 드러났다 사라진다. 좀 떨어진 데 서서 지켜보는 금자.

146. 운동장 (밤)

학교 건물에서 불빛 하나가 흔들리며 나와 앞장선다. 그 뒤로 사람들, 들것을 들고 따른다.

147. 뒷산 (밤)

최반장이 곡괭이로 언 땅을 찍어 놓으면, 나머지 남자들은 양쪽으로 새끼줄을 연결한 긴 삽으로 힘을 합해 파들어 간다. 땀을 뻘뻘 흘리는 남자들, 한데 모여 오들오들 떠는 여자들.

잠시 후 -
구덩이 안에 누운 백선생. 무기 상자와 피 묻은 의자, 우비와 장갑, 비디오카세트 따위도 던져진다. 사람들, 한 삽씩 흙을 퍼 넣기 시작한다.

금자

저, 죄송한데요....

(동작을 멈추고 돌아보는 사람들)

잠깐만 물러서주시겠어요?

(사람들 물러서자 한 발 나서면서 총을 빼드는 이금자,

시신을 가만히 내려다본다.

두 발을 쏜다. 백선생 턱과 뺨에 작은 구멍이 난다.

금자, 총을 던진다. 메아리마저 사라지자)

....고맙습니다.

잠시 후 -

다 덮은 무덤 위에서 천천히 자리를 옮겨가며 발을 굴러 땅을 밟는 유족들의 롱 쇼트. 사람들의 입김. 금자, 웃는다. 기괴해 보일 만큼 오래 고정된 미소.

148. 금자 아파트 (밤)

방송이 끝나 노이즈만 가득한 TV 화면. 좁은 침대에 세 사람. 제니 좌우로, TV 보던 자세 그대로 상체만 뒤로 누워 자는 양부모. 우두커니 앉아 천장을 보는 제니.

149. 「나루세」 (밤)

다섯 자루 촛불이 꽂힌 케이크를 들고 주방에서 나오는 금자. 어리둥절해하는 사람들.

세현 아빠

(노래)

생일 축하합니다....

느닷없이 노래를 부르자 당황하던 사람들, 하나둘 따르기 시작한다.

다 함께
(노래)
생일 축하합니다....사랑하는....

머뭇거리며 단조로 변한다. 각자 자기 아이 이름을 부르다 흐지부지 노
래를 멈춘다. 침묵.

세현 아빠
(우물우물)
....미안합니다, 꼭 생일 같은 기분이 들어서....

은주 할머니
생일이라고 치지, 뭐.

다 함께
(멈춘 곳에서 노래를 이어, 과장된 활기를 담아)
....생일 축하합니다−

사람들, 촛불을 향해 입을 모아 후우−, 아무 장식도 없는 검정 초콜릿 케
이크를 아홉 조각으로 잘라 나눠주는 금자. 포크로 조금씩 떼어 입에 넣
는 사람들. 시큰둥하던 얼굴에 경탄하는 표정이 떠오른다. 놀랄 만큼
맛있다는 눈빛을 주고받는 사람들, 너도나도 한 입씩 크게 떼어 먹기 시
작한다. 조용히 지켜보는 금자. 눈을 감고 맛을 음미하는 사람들. 접시
에 포크 긁히는 소리. 옆에 앉은 세현 누나, 몸을 기울여 귀엣말한다.

세현 누나
저기....돈은....계좌로 넣어주나요?
(무슨 말인가 잠깐 생각한 금자, 고개를 끄덕인다.

세현 누나, 슬쩍 종이쪽지를 내밀고)

....저희 번호....

안 듣는 척하던 사람들, 잠자코 종이와 펜을 꺼내 계좌번호를 적는다. 금자에게 전달한다. 어색한 침묵.

세현 아빠

불란서에서는, 이렇게 말이 끊어질 땐
천사가 지나가는 거라 그러던데....

재경 엄마

잠깐 기다려볼까요? 말하지 말구....

동화 엄마, 주머니에서 단추를 몰래 꺼내 손에 쥔다. 원모 엄마는 주황색 구슬, 은주 할머니는 머리끈, 재경 아빠는 구슬 반지를 각각 꺼내, 그리고 세현 아빠는 주머니에 손을 넣어, 만지작거린다. 모두 안타까운 눈빛으로 허공을 두리번거리며 무언가를 찾아내려 애쓴다. 정적이 흐른다. 딸랑딸랑 종 울리는 소리, 문이 벌컥 열린다. 근식이 들어선다. 놀라서 우뚝 서지만 금자를 발견하고 안도한다.

동화 아빠

와- 눈이 오는갑네!

사람들, 내다보면 아기 머리 만하게 떨어지는 눈송이들, 부자연스러우리만큼 과장되게 환호하는 사람들.

150. 금자 아파트 (밤)

제니도 잠들었다. 창밖에 내리는 눈.

151. 「나루세」화장실 (밤)

눈화장을 지운 금자, 립스틱을 바른다. 벽에 붙은 거울을 본다. 속옷을 내리고 변기에 앉는다. 담배를 꺼내 문다. 또르르 구슬 구르는 소리 들린다. 내려다보면 주황색 구슬이 바닥을 굴러온다. 누가 조종하는 것처럼 타일 사이 홈을 타고 정확히 금자 오른발 구두 끝에 와 부딪힌다. 주워드는 금자, 눈을 들면 반대편 구석에 쪼그려 앉은 원모 보인다. 반가워 어쩔 줄 몰라 하는 금자, 유유히 담배를 피우는 원모. 연기로 코끼리, 기린, 캥거루 같은 동물 모양을 만들며 장난친다. 용서를 바라는 표정으로 원모를 애타게 바라보는 금자, 자기를 무시하는 듯한 원모의 태도에 서서히 낙담한다.

금자

(변명하듯)

원모야, 내가....

불현듯 말을 멈추고 상대를 다시 보는 금자. 어느새 청년으로 성장한 원모가 똑같은 옷을 입고 역시 담배를 피우며 앉았다. 재빨리 치마를 아래로 내려 속옷을 가리는 금자. 청년 원모, 잠자코 담배를 바닥에 비벼 끈 다음 일어선다. 금자, 안타깝게 올려다본다. 원모, 금자를 내려다보며 딱하다는 듯 말없이 고개를 저어 보인다. 엉거주춤 앉아, 나가는 원모를 멍하니 보는 금자.

152. 금자 아파트 (밤)

침대 앞에 나란히 선 여행가방 세 개. 제니 얼굴 위로 흘러들어오는 담배 연기, 고양이 모양을 이룬다. 콜록콜록 기침하면서 깨어나 앉는 제니, 타조처럼 두리번거린다. 집 안이 연기로 자욱하다.

153.「나루세」앞 (밤)

눈이 내려 환해진 거리. 따뜻한 불빛이 흘러나오는 빵집 창문에, 어린아이들처럼 매달려 내다보는 사람들 실루엣. 슬그머니 문이 열리고, 손에 케이크 상자 든 금자 나온다. 걷는다. 황급히 따라 나온 근식, 몇 걸음 쫓다 말고 서서 뒷모습을 지켜본다. 결국 슬금슬금 따라 걷기 시작한다. 코트를 입지 않아 추워 보인다.

근식

(노랫소리)

솔솔솔 오솔길에....

154. 거리 (밤)

눈 맞으며 집에 가는 금자, 케이크가 망가지지 않도록 상자 든 손을 높이 올리고 조심조심 걷는다. 열다섯 발자국쯤 뒤에서 비실비실 뒤따르며, 추워 떨리는 목소리로 흥얼거리는 근식.

근식

(노래)

....빨간 구두 아가씨....

똑똑똑 구두 소리 어딜 가시나, 한 번쯤 뒤돌아....

(큰 소리로)

제니, 정말 보낼 거예요?

(대답을 기다리며 노래 재개)

....볼 만도 한데....

(뚜벅뚜벅 걷기만 하는 금자 뒤에 대고 더 크게)

....예?

(대답이 없자 노래 계속)

....발걸음만 하나씩 세며 가는지

빨간 구두 아가씨 혼자서 가네-

빨간 구두를 신고 걸어가는 금자의 뒷모습.

여자 성우

(소리)

이금자는 어려서 큰 실수를 했고....

155. 금자 아파트 앞 (밤)

기로등 아래 눈이 내리고, 잠옷 차림으로 건물을 나서는 제니. 신선한
공기를 깊이 들이마시더니, 걷기 시작한다.

여자 성우

(소리)

....자기 목적을 위해
남의 마음을 이용하기도 했지만....

근식

(노래)

....지금쯤 사랑을 알 만도 한데....
종소리만 하나씩 세며 가는지,
빨간 구두 아가씨 멀어져 가네-

156. 골목 (밤)

초입에 들어서는 금자, 걸음이 빨라진다. 가로등 세 개 꺼진 어둠 속에,
하얀 옷 입은 제니가 희미하게 보인다.

여자 성우

(소리)

....그토록 원하던 영혼의 구원을 끝내 얻지 못했다.

(뛰어가 제니를 꼭 끌어안는 금자. 멀찍이 서서 지켜보는 근식)

....그래도....그렇기 때문에....

나는 금자씨를 좋아했다....

몸을 떼는 금자, 케이크 상자를 내민다. 열어보는 제니. 두부 모양의 하얀 생크림 케이크.

금자

Be white....live white....

(손가락으로 가리키며)

Like this....

<u>생크림처럼 하얗게 살라고....</u>

서슴없이 손가락으로 크림을 푹 찍어 입에 넣는 제니, 음미한다.

제니

(또 크림을 찍어 금자 입에 넣어주며)

You, too.

<u>엄마두....</u>

(금자, 무릎을 굽히고 크림을 빨아먹다가
문득 눈을 들면 하늘을 향해 입 벌리고 까치발로 선 제니)

More white....

<u>더 하얗게....</u>

제니를 따라 하늘을 보는 금자, 일굴에 눈을 맞춘다. 근식도 뭐가 있나싶어 고개를 든다. 가만히 선 세 사람.

여자 성우

(소리)

....안녕....

114

제니
(소리)
....금자씨....

영화 〈친절한 금자씨〉
© 2005 CJ E&M CORPORATION, MOHO FILM.
ALL RIGHTS RESERVED.

친절한 금자씨 각본

ⓒ2016 CJ E&M CORPORATION, MOHO FILM.
ALL RIGHTS RESERVED.

초판 1쇄 발행 2016년 12월 28일 **초판 5쇄 발행** 2023년 11월 23일

지은이 정서경 박찬욱 **펴낸이** 정상우
편집 이민정 **디자인** 공미경
관리 남영애 김명희

펴낸곳 그책
출판등록 2007년 11월 29일 (제13-237호)
주소 서울시 은평구 증산로 9길 32(03496)
전화번호 02-333-3705 **팩스** 02-333-3745
페이스북 facebook.com/thatbook.kr
인스타그램 Instagram.com/that_book

ISBN 978-89-94040-33-2 03680

그책 은 (주)오픈하우스의 문학·예술 브랜드입니다.

책값은 뒤표지에 있습니다.
잘못된 책은 구입처에서만 교환 가능합니다.
이 책의 전부 또는 일부 내용을 재사용하려면 반드시 사전에
그책의 서면에 의한 동의를 받아야 합니다.

이 도서의 국립중앙도서관 출판예정도서목록(CIP)은
서지정보유통지원시스템 홈페이지(http://seoji.nl.go.kr)와
국가자료공동목록시스템(http://www.nl.go.kr/kolisnet)에서
이용하실 수 있습니다. (CIP 제어번호: CIP2016030342)